商店街再生の罠

——売りたいモノから、顧客がしたいコトへ

久繁哲之介
Hisashige Tetsunosuke

ちくま新書

1027

商店街再生の罠——売りたいモノから、顧客がしたいコトへ【目次】

ケース❺ テーマパーク商店街で一番になれないなら、地域一番店になる！

鳥取県北栄町コナン通り、東京都品川区戸越銀座商店街

キャラクター商店街は、プロダクションが監修するテーマパーク／プロダクションの監修はコンサルティング／「コナン通り」との相乗集客、比較勝利、一人勝ちへ／テーマで一番になるか、地域一番店になる／「動けない銅像」から「顧客と交流できる着ぐるみ」へ／地方自治で最高の成功事例、ゆるキャラを商店街再生に活かす／脱ないものねだり——斬新な企画は、既にあるものの組み合わせ

第3章

B級グルメ商店街の罠

「B級グルメ商店街の罠」と「B-1グランプリの罠」

ケース❻ 女性の感情に無関心なオヤジのデータ絶対主義の罠

富山県高岡市の商店街

データ絶対主義の弊害／高岡コロッケと宇都宮餃子の違い／なぜコロッケ購入量が多いかを「考えることが重要」／「そんな話、聞いたことない」は、無関心の結果／「売れた」と「売った」の違い／負の物語を、正の物語に編集

ケース❼ B-1グランプリの罠

愛媛県今治市の商店街、静岡県富士宮市の商店街

やきとりを愛する今治市民／やきとり店数日本一はイノベーションと起業の成果／やきとり店は夜の

と議員の事前準備なき視察は、税金と時間の無駄／公務員と議員は、身銭を切って「顧客目線、市民感覚」を感じとれ！／エスノグラフィで、新たな仮説を得る／横石さんを真似るべきは誰？

ケース❾ 役所仕事は、公開すると、市民感覚に変わる 実録「千葉県商店街あり方検討会」委員会

委員会の鍵は、見える化と人選／「自治体は、もっと顧客目線をもて！」が新聞の見出しになる理由／支援する側と支援される側にだけ意見を聞くから、成果が出ない／婦人部と青年部を下部組織化する弊害／顧客は、箱物建設やイベントなんか期待していない／リピート客をつくる5つの方法

第5章 意欲が低い商店主 163

商店街問題は、意欲が低い商店主を3つに分けて考える

ケース❿ 意欲が低い商店主も救済する護送船団方式支援はやめよう 実録「顧客インタビュー、商店主対象の講演会」

商店主の想像以上に、顧客は繋がっている／成功事例の猿真似は、まるで出会い系サイトのコピペ・メール／単身者と高齢者を標準顧客と考える／パレートの法則——できが悪い80％をどうするか？／20％の意欲ある商店主が、小さな形で取組を始める／試行錯誤を繰り返して、取組を進化させる

ケース⑪ 金融商品と化した商店街に、自治体は課税とテナント管理を 太田市南口一番街、鹿児島市天文館

商店街を金融商品と考える困った人たち／シャッター商店街は、節税策に使われる金融商品だった！／シャッター商店街を再開発する前に、テナント管理が必要／不動産オーナーが私益を追求すると「まちは滅びる」／自治体が商店街にすべきは救済ではなく、課税とテナント管理／まちを守るために、商店街の「再生策は利用者が創る」

第6章 再生戦略①「シェア」で、雇用・起業を創出 189

ケース⑫ 女性4人の異業種な起業家が相互に貢献しあう協働経営 東京都深川資料館通り商店街

人の繋がりを強化できるシェア（協働経営）／洋菓子が、他の事業と相乗効果を生む仕組み／ギャラリーが、他の事業と商店街に貢献する仕組み／シェアの基盤は、3つの人的特性にある／重要なのは

はじめに

商店街が衰退した理由として、よく言われる「大型店等に客を奪われた」論は幻想です。真実は、商店街が観光地化に走るなど地域密着の努力を怠った結果「地元客は自らのニーズに応えてくれる大型店を選んだ」のです。

私たちは、なぜ誰に「大型店に客を奪われた」幻想を刷りこまれたのでしょうか？

商店街が衰退する本質は「公務員など商店街支援者と商店主の多くに、意欲と能力が欠けている」ことにあります。自分たちの能力と意欲の低さを隠蔽するため、大型店を悪い強者に仕立てあげて「商店街は大型店に顧客を奪われた可哀想な弱者だから、救済すべき」という幻想を生み出したのです。

可哀想な弱者と悪い強者に二分する幻想が既成事実になると、弱者救済は正義と化します。その結果、弱者に「能力と意欲が欠ける」とは誰も指摘できなくなり、弱者救済策は無駄なものまで正当化される罠に陥り、この罠は「3つの弊害」をもたらします。

① 失敗（商店街が衰退）した理由が正しく認識されていないので、不適切な解決（再生）策が導かれて、いつまでたっても効果が出ない。
② 公務員は、まちがった商店街の救済策に、多額の補助金（税金）を投入し続ける。
③ 商店街は、自立する意欲と能力を失い、補助金への依存度が高まる。

本書は、商店街が衰退する最大の理由は「公務員と商店主の多くに、意欲と能力が欠けている」ことにある真実を明らかにして、商店街の再生は利用者が必要と願う商店街に限定して「再生策は利用者が創る」理念と方法を提案します。

誤解のないように、ここで言う能力を定義しておきましょう。小売サービス事業に最も必要な能力は、言うまでもなく「消費者ニーズに気づく力、消費者ニーズに対応する力」です。公務員と商店主は、この能力が驚くほど欠如しています。正確に言えば、この能力がないと言うよりは、消費者のことには関心がなくて、関心事は「役所の予算獲得、自店の利益獲得」にしかないのです。それぞれ、次頁に示す「3つの真実」の①と②に相当します。

商店街を含む小売サービス事業者の存在意義は「消費者にとっての生活インフラ」に集

約されます。公務員と商店主から悪者に仕立てあげられた大型店やコンビニ等は、実は消費者ニーズにしっかりと応えています。

したがって、商店街の再生策は、生活インフラ機能の強化を基本コンセプトに据えて、大型店やコンビニ等との差別化を図りながら「地元市民を相手に、リピート客を創る」ことが求められます。これは何も商店街再生に限った話ではなく、ビジネスが持続・成長するには「一見客《いちげん》でなく、リピート客を創る」事が基本です。商店街の再生策も、ビジネスの基本に立脚して考えることが当然に必要です。

しかし、現実の商店街救済策は「生活インフラ機能を強化して、地元市民のリピート客化」ではなく、商店街が儲ける為あるいは公務員が公共事業を遂行する為「一見の観光客を狙った観光地化」が主流です。前提が間違っているから、ほとんどの取組は失敗しています。前提を曲解する理由を掘り下げると「3つの真実」が浮かびあがります。

① リピート客を創るには、ソフト面のノウハウと能力が必要だが、公務員と商店主にそのノウハウと能力はなく、ソフト施策は公共事業に結びつかないから。

② 一見の観光客向け商品（おみやげ等）は、店側の利幅と購入数量が大きく儲かるから。

③ 公務員に商店街を「リピート客として利用する経験も意欲もない」から。

本書は以上の観点から、商店街の位置づけを、一見の観光客を狙う「テーマパーク商店街」と、地元客のリピート需要を狙う「地域一番商店街」に大別して、後者を目指す再生策を考えていきます。テーマパーク商店街の形態を「レトロ商店街」「キャラクター商店街」「B級グルメ商店街」の3つに分類して、それぞれの事例を考察することから始まります。

それでは、読者の皆さんが観光客として一度は行ったであろう「あの有名な商店街」の罠と真実をお話ししましょう。

第１章

レトロ商店街の罠

レトロ商店街というより「シャッター商店街」に見える豊後高田レトロ商店街

†レトロ商店街は公共事業の口実？

顧客づくりの手法として、新横浜ラーメン博物館が開業した頃から「ノスタルジア・マーケティング」が注目されています。ノスタルジア・マーケティングとは、顧客に「ノスタルジアな（昔懐かしい）心情」を起こさせる施設・商品づくりのことです。

本書は、昔懐かしい雰囲気を作り出して、一見《いちげん》の観光客を狙う商店街を「レトロ商店街」と定義します。

レトロ商店街が昔懐かしい雰囲気を作りだす手法は主に、電線地中化や建築改装など所謂「公共事業」で行われます。レトロ商店街は公共事業に多額の金を使う格好の口実となり、利害関係者が複雑に絡み合う公共事業の裏側が透けて見えてきます。

レトロ商店街は、公共事業が終わった後に、商店主と地元市民に深刻な問題を突きつけます。商店主にとっての問題は、レトロ商店街で利益を得る者が、お土産店など一部の商店に限られることです。地元市民にとっての問題は、観光地化した商店街が生活インフラとしての機能を失い、自動車を運転できない高齢者などが買物難民となること。自動車交通量が増えてしまい、地元市民の歩行が危険になることです。

ケース❶ 観光地化に走り、地域密着を捨てた結果、地元客は大型店を選んだ
――大分県豊後高田市レトロ商店街

†新横浜ラーメン博物館を模倣したレトロ商店街

レトロ商店街の罠は「ノスタルジア・マーケティング」の視点から俯瞰すると分かりやすいでしょう。

ノスタルジア・マーケティングは1994年3月、昭和33年の下町を再現した「新横浜ラーメン博物館」の開業で一気に本格化し、昭和30年代をモチーフにした施設・商品が相次いで開発されるノスタルジア・ブームが幕を開けました。翌1995年には、福岡県北九州市にある「門司港《もじこう》レトロ」が開業して話題を集めると、ノスタルジア・マーケティングによる施設・商品のネーミングは「レトロ」が多用されるようになりました。

1995年以降に相次いだノスタルジア・マーケティングを駆使した例で有名なものを挙げてみましょう。『ALWAYS三丁目の夕日』などの映画やマンガなど物語、台場一

写真1　昭和33年の下町を再現した「新横浜ラーメン博物館」は、レトロ商店街の模倣元

丁目商店街などのテーマパークや観光施設、そして2001年に開業した大分県豊後《ぶんご》高田《たかだ》市の「昭和の町」です。

これらのノスタルジア・マーケティングに基づく施設は、ほぼ全てが新横浜ラーメン博物館を模倣していると思われます。

たとえば、豊後高田市の商店街関係者は1998年、新横浜ラーメン博物館を視察しています。翌1999年には、新横浜ラーメン博物館をプロデュースした空間プロデューサーの相羽高德さんを豊後高田市に招いて勉強会を開いています。

†視察と勉強会は、正しい目的と視点が必要

本書は、商店街が再生を目指す計画段階での「視察と勉強会」の内容を可能な限り調査しています。その意図は、商店街再生や地域再生を目指す過程で、視察と勉強会は必ず実

施するものですが「どういう目的と視点から、何を視《み》るか」を正しく設定しないと効果が出ないからです。残念なことに、効果が出ない商店街・地域が多いのです。

逆説的に言えば、視察先や勉強会講師の選定には当然、商店街や地域の「目的や視点が色濃く出る」はずです。つまり、視察先や勉強会講師の選定を調査することで、商店街や地域が目指す方向性が見えてくるのです。

豊後高田市の視察と勉強会で疑問なのは、どういう目的と視点から、新横浜ラーメン博物館を視察し、空間プロデューサーの相羽さんを講師に選定したかです。

台場一丁目商店街などのテーマパークや観光施設であれば、非日常的な空間や商品を提供して一見の観光客を集めることを目的に、新横浜ラーメン博物館に関する視察や勉強会を実施するのは理にかなっています。しかし、目的が商店街再生であるならば、日常的な生活インフラや商品を提供して地元市民のリピート客化を図ることを学ぶはずです。

商品の視点から換言しましょう。食品など「日常的な商品」はリピート訴求力が非常に高いのですが、映画や観光施設など非日常的な商品は「一度限りの消費」で終わってしまいます。映画のように、短い公開期間で利益を出す商品は、一度限りの消費者を短期間で集中的に狙う意図も良いでしょう。しかし、商店街の場合は、長期間にわたってリピート客を集める仕組みづくりが必要不可欠です。

この観点から、新横浜ラーメン博物館のノスタルジア・マーケティングは実に巧みです。観光施設でありながら、日常食として老若男女に人気の高いラーメンを素材とすることで「一度限りの消費者」では終わらない「幅広い世代のリピート客」を獲得しているのです。

商店街再生を目的に、新横浜ラーメン博物館を視察する場合、この「幅広い世代のリピート客」を獲得する仕組みを視ることが最も重要です。しかし、豊後高田レトロ商店街は、この仕組みができていないが故に、多くの問題を露呈しています。

問題は大きな視点から、2つのキーワードに絞りこむことができます。商店街内格差と買物難民です。

第一の問題は、一度限りの消費者（一見の観光客）を狙う施策は「集客が、観光客相手の店だけに限定されないか？　商店街内格差を助長しないか？」です。

第二の問題は、商店街が観光地化することで、これまで商店街を利用していた高齢者など「地元市民は、どこで買物をしているか？　買物難民にならないか？」です。

以上の問題を調査するため、豊後高田市の「昭和の町」を訪ねました。

写真2　豊後高田市「中央通り商店街」

†まるで、シャッター商店街やね

昭和の町は、開業3年目の2003年から毎年、年間観光客数が二〇万人から三十数万人を記録しています。この数字に注目した専門家から、昭和の町は商店街再生の成功事例と、もて囃されています。

私が昭和の町を訪れたのは2012年8月の夏休み中の土曜日、観光には絶好の時期です。さぞかし賑わっていると期待して6時間ほど滞在しましたが、観光客は疎らでした。無料展示施設もある昭和ロマン蔵の周辺と、食べ歩きができる商品を扱う店には、観光客が少しは居るのですが、そこから離れた場所は「シャッター商店街」状態でした。

私がそう感じていた時、写真2で分かるように、レンタサイクルに乗った男女ペアの観光客の会話が聞こえてきました。二人の会話は、豊後高田レトロ商店街の現状を象徴しています。

先に走る女性「ここ、ホンマにレトロ商店街なん？」

後ろの男性「まるで、シャッター商店街やね」

†商店街内の格差——レトロ商店街で利益を得るのは、一部の店だけ

豊後高田市が2010年3月に発表した「認定中心市街地活性化基本計画のフォローアップに関する報告」の冒頭に次の記述があります。

来街者の商店街等の利用は昭和の町のある新町1・2丁目商店街や、昭和ロマン蔵に集中しており、駅通り商店街や中央通り商店街などとの格差が生じるなど、課題も浮き彫りになっている。

その通り！と言いたいところですが、この記述には2つの問題があります。まず「格差が生じる」という次元を、はるかに越えていることです。駅通り商店街（章扉写真）や

中央通り商店街（写真2）は、いわゆる「シャッター商店街」と化していて、観光客も地元市民も、ほとんどいない状態です。

次に、昭和の町を構成する4つのレトロ商店街のうち、シャッター商店街と化した「駅通り商店街、中央通り商店街」は、昭和の町ではないと読める記述になっていることです。私の推測ですが、豊後高田市は4つのレトロ商店街に、これほど大きな格差が生じるとは予見できず、困惑しているのでしょう。

これほど大きな格差が商店街内で生じる理由は、簡単に説明できます。新町1丁目と2丁目の2つの商店街は、お土産屋や食べ歩きができる商品を扱う店が数軒あります。一方、駅通り商店街と中央通り商店街は、洋服など日常生活品を扱う店が並びます。

つまり、商店街をレトロ化（観光地化）したことで、利益を得る者は「一見の観光客を対象とした土産屋、食べ歩きができる商品を扱う店」に限られてしまいます。その結果、利益を得る一部の店だけは営業が持続するけれど、利益が出ない多くの店は営業を持続できずシャッター商店街と化してしまったのです。

先の報告書によれば、年間来訪者数はレトロ商店街として再出発した2001年は約2・6万人でした。昭和30年代をモチーフにしたノスタルジア・ブームが注目される中、

「昭和の町」というキャッチフレーズを掲げた豊後高田市の「まちおこし」に目をつけたマスコミの報道が相次ぎ、2003年以降の年間来訪者数は、20万人を超えています。

このように、わずか1~2年で急激に来訪者が増える事例の多くは、ブームに敏感で「絵になる場所」を求めるマスコミ報道の恩恵を受けています。マスコミが報道するのは、いつも「絵になる場所」だけです。昭和の町の場合は、食べ歩き商品や土産品を扱う店がある新町1・2丁目商店街と昭和ロマン蔵の映像だけが全国に流れました。

こうして、マスコミを通して「絵になる場所」だけに行く観光客が量産されて、同じ商店街内でも「絵になる場所と、絵にならない場所とでは、甚だしい集客格差が生じる」のです。

この構図は第2章で紹介する鳥取県境港《さかいみなと》市の水木しげるロードにおける「キャラクター銅像のある場所と、ない場所との集客格差」(69頁、写真7と8)と同じです。

†評価軸の選び方が成否を分ける

この構図は「評価軸」次第で、成功事例にも失敗事例にもなるので注意が必要です。

豊後高田市や境港市の取組は「まちおこし、観光振興という評価軸」で見れば成功事例です。しかし「商店街活性化という評価軸」で見れば失敗事例と解釈すべきです。

理由は、まちおこしと商店街活性化の違いを整理すると分かります。まちおこしの目的は「知名度の低い町が、観光資源や特産品など地域資源を開発・発掘することで、一見の観光客を集客できて、地域全体の知名度や経済力を高める」ことです。つまり、まちおこしの位置づけは「観光振興と同じ」です。この定義をもとに、豊後高田市の「まちおこし＝観光振興」の取組を要約すると、次のように評価できます。

人口約2・4万人の豊後高田市は、別府や湯布院など有名な観光地が多い大分県の中で埋もれるほど無名な小さな都市でした。そこで、まちおこし施策として、市内複数の商店街を束ねてレトロ商店街という観光資源として開発することで、昭和の町という観光地として売り出し、一見の観光客を集客することには成功しています。

まちおこし＝観光振興が成功したか否かの数値評価は「過去の衰退していた時期との比較」になります。年間来訪者数が2001年の約2・6万人から、僅か2年で約8倍にまで伸びたので、確かに「まちおこし＝観光振興」の成功事例と言えます。

†まちおこしと、商店街活性化は評価軸が違う

一方、商店街活性化の目的は「はじめに」で示したように「地元市民のために、生活インフラ機能を強化して、リピート客を増やすことで店が持続的に賑わう」ことにあります。豊後高田市の取組が、商店街活性化の取組としては成功事例と言えない理由は、特定の店しか利益が出ていない「商店街内の格差問題」もありますが、以下に説明するように商店街活性化の数値評価で見ると「桁が2つも少ない」ことにあります。

商店街を含む、ビジネスにおける成功の定義は「同業他社との同時期における比較」に最も力点を置きます。商店街の場合、地元市民がリピート客として愛用することで賑わう商店街の年間来訪者数は、たいてい1000万人以上です。たとえば、人口約26万人の長崎県佐世保市にある四ヶ町《よんかちょう》商店街は約1000万人、人口約33万人の埼玉県川越市にあるクレアモールは約1200万人です。昭和の町の年間来訪者数は「桁が2つも足りない」のです。

にもかかわらず、自治体や専門家の多くは、年間来訪者数20~30万人という数字をもって、昭和の町を「商店街活性化の成功事例」と喧伝します。自治体や専門家の多くは、い

ったい何と比較して商店街活性化の成功事例と言うのでしょうか？

レトロ商店街化以前の年間来訪者数約2・6万人という「過去の衰退していた時期」だけと比較しているのでしょう。これは、まちおこし（観光振興）の評価軸であって、商店街活性化の評価軸ではありません。

要するに、まちおこし（観光振興）と商店街活性化を混同しているのです。

この混同こそ、全国の商店街が未だに活性化できない大きな理由です。すなわち「地元市民のために、生活インフラ機能を強化して、リピート客を増やす」べき商店街の活性化施策が必要なのに、お門違いの「まちおこし（観光振興）の施策」をかぶせているのです。

ビジネスが持続・成長するには「一見客でなく、リピート客を創る」事が基本です。商店街の活性化も、レトロ化で一見の観光客を狙うのではなく、地元市民がリピート客になってくれる施策を考えるべきです。

†地元客のニーズに応えているのは、大型店

第二の問題「地元市民は、どこで買物をしているか？　買物難民にならないか？」を調査するため、私はレトロ商店街の周辺を歩き廻りました。レトロ商店街の近くにある「地

写真3　大型店内のパン屋で、店員や仲間と交流を楽しむ豊後高田市の女性たち

域密着」を標榜して県内に26店舗を展開する地元資本「トキハインダストリー」の大型商業施設であるアイム高田店へ入ると、昭和の町の閑散状態が信じられないほど、多くの地元市民がいました。

私が注目したのは、ただ買物をするだけではなく、店員や仲間と談笑を楽しむ地元市民の姿でした。たとえば、パン屋など店前に置かれた椅子には、地元市民が座り、その店の商品を食べながら、ゆっくりと交流を楽しんでいました。

パン屋の売上は普通「テイクアウト」だけに依存します。しかし、店前に椅子を置いて顧客の交流スペースを生み出す取組によって「イートイン」を実施したのと同じ売上増収効果を得ることができます。

このパン屋の取組は、顧客には交流拠点を得るメリットがあり、店側は売上を高めるメリットを得るウィン-ウィンの関係が構築されています。

「大型店に客を奪われた」論のウソ

パン屋の店前で交流を楽しむ3人の女性に「商店街に行くことはありますか？　ここレトロ商店街、それぞれどう思いますか？」と話しかけてみると、次のような返事が返ってきました。

「商店街は観光地になっちゃったから、もう行けないね。私たちには、買う物もないし、居場所もない。でも、ここ（トキハ）は買う物も居場所もある。

焼きたてのパンが好きでね。焼きあがる時間に来ると、私と同じように焼きたてパンが好きな知り合いも来るの。それで、パンを食べながら座って仲間と話すのが楽しみでね。それに、ここで話していると、また偶然に知り合いと出会って、仲間の輪や話が広がるのは本当に楽しいですよ。」

（傍線強調は筆者）

地元市民は観光地と化した商店街を利用できなくなったから、大型店を利用し始めたと言います。このように、商店街の衰退は「大型店に客を奪われた」のではなく「商店街が見捨てた地元市民のニーズを、大型店が満たした」結果である事例が全国で非常に増えています。

トキハインダストリーは県内に26店を出店し、その全店が「地域一番店」になることを標榜して、心のこもった接客に力を注いでいます。具体的な取組として、先述したパン屋の場合は、商品ごとに焼きあがる時間を店内掲示および店員の声かけ等で顧客に伝えています。これは「顧客サービス」であると同時に「広告」効果も期待できます。つまり、顧客には好みのパンを焼きたての状態で美味しく食べることができるメリットがあり、店にはその時間に顧客の来店を促すことができるメリットがあるのです。

このように、地元市民のリピート客化を重視するビジネスのコンセプトを「地域密着」と言います。地域密着というコンセプトは、商店街こそ最も重視すべきものですが、商店街の多くがこのコンセプトを見失っているようです。

豊後高田市にいたっては「地域密着」を捨てて、それとは真逆の「よそから来る観光客に密着」した観光ビジネスに方向転換してしまい、地元顧客という最も大切な資源を失ってしまいました。

女性たちの会話で、私が一番関心をもったのは「偶然に知り合いと出会って、仲間の輪や話が広がるのは本当に楽しい」という言葉と、そう語る女性たちの活き活きとした表情です。このように、人が「ゆるやかに繋がる」ことができる場所と機会を求めている人が増えています。

†地域密着が、商店街再生の鍵

商店街の再生施策は本来、顧客が商店主を含む地域住民と「ゆるやかに繋がる」場所と機会を創りだす取組こそ最も注力すべきですが、あまり実践されていません。なぜでしょうか？

商店街支援者は中高年男性の現役世代が多く、リタイア世代の高齢者や主婦の気持ちやライフスタイルを理解する意欲が欠けるからです。

現役オヤジ世代の多くは多忙を理由に「日常の買物をしない、すなわち商店街を利用しない」し、職場等に仲間がいるから「話し相手が居なくて困る事もない」のでしょう。

一方、リタイア世代は何か理由をつくって外出しないと「話し相手が居なくて困る」人が少なくありません。理由として最適な行動が日常の買物であり、商店街はその最適な場所と位置づけると、商店街再生の方向性が見えてきます。

このように、顧客の気持ちやライフスタイルを理解する意欲がないまま、現役オヤジ世代だけで商店街活性化を計画すると、えてしてレトロ化など非日常的な施策にばかり目を奪われる罠に陥ってしまいます。

ここに「再生策は利用者が創る」という本書の主張を見出すことができます。

ケース❷ 自動車優先で、人が歩けないレトロ商店街
——大分県日田市豆田町商店街

†美しい国と言うけど、やっぱり公共事業？

大分県日田《ひた》市に、レトロな雰囲気を売りに造られた豆田町《まめだまち》商店街があります。レトロな雰囲気を生み出すため、豆田町商店街内を50mの近さで並行する2つの通りで電線地中化を実施しました。下町通り（別名：みゆき通り）は2001年、上町通りは2009年に

電線地中化が完了しています。

電線地中化に要する事業費は、1mあたり100万円が相場と言われます。事実、上町通り400m市道部分の総事業費は4億円です。この半額を国が補助金として出しています。1mあたり100万円は人件費などが安い地方都市の相場で、大都市の場合は更に高くなります。

豆田町商店街のように、レトロ商店街化の取組は、電線地中化や建築改装などを伴い、ほとんどが公共事業として行われます。つまり、レトロ商店街は公共事業に多額の金を使う格好の口実になります。

そこで思い出すのは、2009年4月7日に当時の自民党政権下で電線地中化を推進するために発足した「美しい国・電柱の林を並木道に! 議員連盟」です。同議員連盟は安倍晋三会長を始め、120名以上の与党議員が参加して、話題を集めました。「美しい国と言うけど、やっぱり公共事業?」と揶揄された数カ月後「コンクリートから人へ」をスローガンとした政権交代が起きて、電線地中化を推進する流れは一旦とまりました。しかし、自民党政権が復活した今、電線地中化を含む公共事業費の増額が見込まれています。

電線地中化など事業費が大きい公共事業は「必要性の高い場所、効果の高い場所」を優先的に実施するはずです。流行語になった「事業仕分け」の理念は、ここにあります。電線地中化の場合、必要性と効果の高い場所として最も認定されているのが、商店街です。

商店街内の2つの通りで、電線地中化を実施した豆田町商店街を事例に、電線地中化の効果と課題を検証することで「商店街、さらには公共事業の在り方」を考えてみましょう。

†公共事業投資を活発化したのに、観光客数が34％も減少

日田市が発表した観光動態調査2011年版によれば、年間観光客数は2005年の713万人をピークに、2011年の472万人まで毎年減少しています。6年間の減少率は34％です。

ここで注目したいのは、豆田町商店街は2004年12月に、重要伝統的建造物群保存地区（略称：重伝建地区）に選定された翌年の2005年から5年ほど、電線地中化工事や伝統建築物保存工事など公共事業投資を活発化させていることです。

公共事業投資の実施「時期、金額、場所」を考慮すれば、日田市の観光客数は2005年から増加基調になるはずです。しかし、その2005年から6年間で34％も減少してい

ます。

もっと興味深いデータがあります。日田市が2011年に発表した観光動態調査は、観光客に日田市の観光地・観光資源から興味のあるものを聞いています。観光客が選んだ日田市の観光地・観光資源ランキングは人気の高い順に「天ヶ瀬《あまがせ》温泉、日田温泉、サッポロビール九州日田工場、鯛生《たいお》金山、日田おひなまつり、豆田町商店街、日田やきそば」です。

この観光客へのアンケートの結果は、日田市役所と観光関係者に衝撃を与えたはずです。なぜなら、サッポロビールの工場見学が3位に入る一方で、多額の公共事業投資をつぎ込んでレトロ商店街化を目指した豆田町商店街と、B-1グランプリ・ブームに便乗して売り出した日田やきそばは、上位ベスト5に入らなかったからです。B-1グランプリに出場している日田やきそばが、観光客から無関心と烙印を押された事実には、B級グルメ関係者も落胆したはずです。

以上を考慮すると、日田市役所の取組、特に豆田町商店街における電線地中化など公共事業投資の在り方は、かなり問題があると推測できます。

†人より自動車を優先する商店街は必ず衰退する

レトロを売りにする豆田町商店街を私が訪れたのは2011年2月の土曜日です。観光客が少しは居ることを期待しましたが、観光客の姿はなく、地元市民さえ疎らな閑散とした状態でした。

電線地中化工事や伝統建築物保存工事等を実施した豆田町商店街は、表面的にはレトロな雰囲気が感じられます。そう感じた直後、自動車から「どけ、道の端を歩け」と言わんばかりのクラクションを鳴らされた私は、レトロな風情を楽しむ気持ちが一気に消え失せてしまいました。以後、同じことが何度も続き、私は道の端を「自動車にばかり気を使いながら、遠慮がちに」歩かざるをえない状態でした。

周囲を見渡すと、たまにすれ違う地元市民も私と同じように、道の端を「自動車にばかり気を使いながら、遠慮がちに歩かされている」惨状に気がつきました。

写真4は、自動車が速度を落とさないまま「どけ」と言わんばかりのクラクションを鳴らして、道の端ギリギリに避難させられた地元市民の姿です。

豆田町商店街に滞在中ずっと、この状況が続き、私の不愉快な気持ちは増幅していくば

写真４　自動車から「どけ」と言わんばかりのクラクションを鳴らされ、道の端ギリギリに避難する地元市民

写真５　自動車と自動販売機ばかりで、レトロな雰囲気とは程遠いレトロ商店街に観光客の姿はない

かりです。不愉快な対象は、速度を落とさないまま「どけ」と言わんばかりのクラクションを鳴らす運転手よりも「車優先空間を放置したまま、歩行者の安全確保に何もしない自治体」です。写真で分かるように、ガードレールや段差を使って「歩道を確保していない」し、「車道と歩道を区別する線引きさえしていない」のです。このような自動車優先の空間では、歩行者がドライバーの目に「邪魔者」と映ってしまい、自動車の暴走を誘発するのは明白です。

注目すべきは、電線地中化を実施した豆田町商店街にある2本のメインストリート「上町通り、下町通り」は50ｍの近さで並行していることです。日田市役所が歩行者の安全性を少しでも配慮するならば、せめて相互一方通行の施策は導入して然るべきです。しかし、日田市役所はこの施策も実施していません。

相互一方通行の施策は歩道部分を拡幅することができます。ケース④の水木しげるロードに見るように、歩行者の安全性を確保できる広い歩道の確保と、歩行者を楽しませる施策の組合せは、商店街に客を呼び込む効果的な施策です。この施策は自動車交通量が日田市よりも格段に多く、施策導入が難しいはずの大阪市など大都市でも、当たり前のように導入されています。そういう当たり前の施策を、50ｍの近さで並行する2つの商店街メインストリートで、しかも観光地化のために多額の公共事業を行った場所で、実施しない自治体の怠慢には本当に呆れてしまいます。

要するに、豆田町商店街をレトロ商店街化した実態は「電線を地中に埋める、建物を綺麗に改装する」公共事業に多額の税金を投入して、表面的なレトロさは作りだしましたが、運営上の工夫や努力は何もしていないのです。より具体的に言えば、自動車や自動販売機などレトロな風情を喪失させる近代的な機械を跋扈《ばっこ》させ、自動車が速度を落とさないで暴走して、人が安全に歩けない状態を、自治体は放置しているのです。

日田市を訪問した観光客が「レトロ商店街は工場見学やおひなまつりより面白くない」と評価して、観光客数が激減し続ける理由がここにあります。自治体職員は公共事業で箱物を造るだけでなく、完成した箱物を顧客目線で歩いてみれば、レトロな風情を喪失させる近代的な機械が跋扈する違和感に気がつくはずです。自動車の排除が難しいなら、せめて自動販売機を撤去する運営面の工夫が強く求められます。

†商店街と野菜直売所は戦略的に、自動販売機を置かない

自動販売機の撤去に私が言及する意図は、成功している野菜直売所が自動販売機を置い

ていないことと関係があります。近年、野菜直売所は乱立状態にあり、よそと差別化できない野菜直売所は閉鎖に追い込まれています。野菜直売所が成功するための差別化要素は、商品の新鮮さや安さもさることながら、生産者（販売者）と顧客の「対面販売時に生まれるコミュニケーション（交流）の楽しさ」にあります。

そう、昭和30年代の商店街が、顧客にとって魅力的だった一番の理由は「対面販売時に生まれるコミュニケーションの楽しさ」にあります。したがって、昭和30年代を懐かしむレトロ商店街が成功するには「販売者と顧客のコミュニケーションを取り戻す」ことが本質です。建物など「外観の古さだけを取り戻す」ことではありません。

対面販売時に生まれる「販売者と顧客のコミュニケーション」を、昭和30年代のように活性化すると、楽しさが生まれることに加えて、販売者にとっては「もう一品、追加で買って頂く」など販売促進の絶好の機会となります。

野菜直売所の例で言えば、喉が渇いたと言う顧客がいれば、生産者は野菜直売所が併設する加工所で作った野菜ジュースを生産方法から丁寧に説明した上で顧客に勧めます。そのような販売促進を徹底するために、ジュースなど飲料用の自動販売機は「戦略的な運営を考えた上で設置していない」のです。

コンビニが店前に自動販売機を置くことは、効率を重視する店内の戦略と一致するので正解です。しかし、商店街が店前に自動販売機を置くことは、交流を重視すべき店内の戦略と一致しないので、やってはいけません。戦略は、それぞれの運営（オペレーション）で一貫性をもつことで初めて効果を発揮します。

商店街が「レトロ」を訴求する戦略を実施する場合、運営の至る所で、販売者と顧客の「コミュニケーション（交流）の再生」に一貫性をもつことが極めて重要です。

しかし、日田市のレトロ商店街は公共事業で箱物整備に大金を注ぎ込んで「外観の古さを取り戻す」だけで、運営面の工夫は全くないから効果が出ない失敗事例の典型です。

運営に課題がある失敗事例は、野菜直売所の例に見るように、運営を改善する施策を実施すれば必ず再生します。そこで、私は２０１１年2月28日、日田市長へ以下の意見書を提出しました。

†日田市長への意見書

日田市長様、豆田町商店街は電線地中化やレトロ建築など公共事業で造られた空間が、表面的には美しく見えます。しかし、あまりにも車優先に造られていて、歩行者は不愉快かつ危険で寄りつかず、閑散としています。いかに危険な状態であるかの詳細は私のブログ「久繁哲之介の地域力向上塾」本日付の記事を御覧ください。この状況を改善したく、以下を提案します。

下町通りと上町通りは、50ｍの近さで並行しています。この立地と現状の交通量から「相互一方通行」にしても全く支障はありません。相互一方通行で歩道を拡幅して、歩行者の安全性を確保する施策は、大都市でも当たり前のように導入されています。むしろ、歩道の安全性を確保しつつ観光客を誘致する戦術として「相互一方通行、あるいは時間をきめて車両進入禁止」にするトランジットモール化は「まちづくり先進国※」の常識です。

レトロを売りにする商店街として多額の税金を投入したのだから、日中だけでも車両進入禁止にして「レトロな雰囲気を維持する戦略」は検討されて然るべきでしょう。その戦略を実践する上位の理念として「車優先」の空間ではなく「人優先」の空間を掲げましょう。

返答内容と返答に要した期間は、私の次著作等で公開して、日田市民が豊かになることを日田市長様と共に目指す所存です。

２０１１年２月28日　久繁哲之介

※まちづくり先進国とは「市民の心、ライフスタイルが先に尊重」されて、それに合う「器・制度が後から」創られる西欧諸国を言います。一方、西欧などで成功した器・制度の表面だけを、そのまま猿真似して「市民が後から合わせることを強要する日本」は、まちづくり後進国です。（参考：『地域再生の罠』２０３〜２０４頁）

†自治体は、権威の言いなり

２０１１年３月17日、当時の佐藤陽一日田市長より回答を頂きました。回答は文章が冗長すぎて、主張が分かりにくいため、日田市がレトロ商店街を目指すに至る目的と視点が分かる一文のみを以下に紹介します。

「現観光協会長が古い建物を利用した店舗を開店してから、行政も電線地中化で歴史的町並みを活かすことへ協力いたしました。」

この一文は「権威（観光協会長）が望むから、しかたなく協力してやる（予算をつけてやる）」という自治体によく見られる権威主義を象徴しています。

レトロ商店街を目指す「目的と視点」をケース①と比較してみましょう。豊後高田市の場合は「新横浜ラーメン博物館を成功モデルに見立て、表面的な模倣に終わったとはいえ、自治体と商店主が視察や勉強会に取り組んだ努力」が見られました。

一方、日田市は「権威が要求するから、使える公共事業を最大限に使ったようにしか感じられません。更に、日田市長の回答からは、元は歩いて暮らせる生活場所を、公共事業で立派な道路に造り変えた結果「車の交通量が非常に多い、人が歩けない場所に変えてしまった」当事者意識と責任感が薄いように感じます。

電線地中化など事業費が大きい公共事業は「必要性の高い場所、効果の高い場所」を優先的に実施するはずと先述しました。しかし、現実には日田市のように、議員や地元名士など「権威の要求に、自治体が予算をつけてやる」実態が全国各地で多く見られます。

自治体の「権威の要求だから予算をつける」権威主義も問題ですが、予算をつけて箱物を造った後に「運営面の工夫や努力がない」箱物至上主義が問題を深刻化させています。

税金を投入する事業の実施には、市場調査や運営策定が必須ですが、自治体は「権威の言いなり」になることで「仕事をしたつもり」になってしまい、運営策定など必要なことは何も考えていないようです。

商店街の衰退は、当事者意識と責任感が薄い「自治体が運営の工夫や努力を怠る結果として引き起こした人災」なのです。この構図は次のケース③にも当てはまります。

ケース❸ 日曜は定休日で4割の店が閉まっているレトロ商店街
――東京都江東区亀戸香取勝運商店街

†観光施設なのに、日曜日が定休日の理由

欧州へ観光した日本人が、よく「欧州は日曜日が定休日の店が多く、買物できなくて困った」という話をします。これは日本人が観光客という立場から勝手に観光地と見なしているにすぎず、現地の経営者たちは観光施設として経営しているわけではないことから起きます。

これが日本の場合、もし観光施設が日曜日を定休日にしていたら、その経営者は意欲が低いと判断されるでしょう。しかも、その施設に観光地化(レトロ商店街化)の補助金が入っていれば、経営者たちは意欲が低いと烙印を押されるだけでは済まず、強く非難されてしまいます。しかし、レトロ商店街化の真意が「自治体の実績づくり」にあるとしたら、非難の矛先は自治体に向けられるべきです。

こんな信じがたい事例があります。東京都江東区の亀戸香取勝運《かちうん》商店街です。亀戸香取勝運商店街は2011年3月12日、レトロ商店街としてリニューアル・オープンしました。レトロ化の事業総額は約2億6000万円、うち8割（約2億1000万円）が補助金です。補助金は、ほとんどが「個人所有の店舗外観レトロ化と看板設置」に使われています。開業時の商店数は28なので、1店あたりの補助金額は約750万円になります。

商店の内訳は飲食店が5店、物販店が14店、その他9店は歯科など医療機関や事務所など日曜日を定休日にする業種が中心です。このテナント構成は、レトロ商店街に全く向いていません。

レトロ商店街に不向きなテナント構成なのに、レトロ商店街化すると、観光客が最も訪れる日曜日に、多くの店が定休日で閉まっている滑稽な現象が生まれてしまいます。日曜日が定休日の店は約4割11店もあります。内訳は物販店5店、その他6店（隔週日曜日休業や午後は休業の店を含む）です。

テナント構成は立地特性を如実に表します。江東区は都心3区に隣接する立地から、オフィス街と住宅地が混在する地域です。亀戸香取勝運商店街に、歯科など医療機関や事務所が多い理由は、この立地特性に起因しています。

私は江東区の近くに住んでいて、江東区が主催する市民向け「まちづくり講座」の講師を務めた経験もあり、江東区の地域事情にはかなり精通しています。

その立場から、はっきり言いますが、亀戸香取勝運商店街はレトロ商店街化するには、あまりにも不適正な点が多すぎます。自治体は運営面など考慮すべき点を何も考えないで、オフィス街と住宅地が混在する地域で、よその観光地で成功したと言われる事例の表面だけを安易に模倣したのでしょう。

写真6　亀戸香取勝運商店街の客層はレトロ化前と同様、観光客ではなく、地元の高齢者

以上を検証するため、まず地元市民と商店主に聞きとり調査を行いました。次に、自治体が発表したプレスリリースなど資料を分析した後、自治体へ聞きとり調査を行いました。

†自治体は補助金を出すなら、運営に責任をもて！

私が行った聞きとり調査から、最初に地元市民の声を紹介しましょう。一番多い意見は、「東京都心部に近いオフィス街と住宅地が混在する地域で観光地化を目論む自治体の意図が全く理解できない」です。

次に多い意見は「外観がレトロ商店街に見えないし、レトロな風情も感じられない」です。その理由として挙げられた意見は「レトロ化事業が店舗外観のレトロ化と看板設置にすぎないから、そして観光客を誘致するためのレトロ商店街が日曜日に約4割が定休日にしているから」です。

そのような背景から多くの市民が「自治体はレトロ化に補助金を出すなら、日曜日に営業することを前提に計画を作り、そのように指導する運営上の責任がある」と言います。地元市民が声を揃える一番の不満は「もし、仮にレトロ化が成功して観光客が来たとしても、地元市民には何もメリットがない。こんな税金の無駄遣いは、もうやめてほしい」です。

以上の問題に、ある商店主は「この事業は、自治体の都合でやっているにすぎず、われわれ商店主は、自治体にお付き合いしてあげた」と言います。

いったい、レトロ商店街化の真意は、どうなっているのでしょうか？

レトロ商店街事業に補助金をつけた江東区の文化観光課は、リニューアルオープン直前に、マスコミへ次のプレスリリースを送付しています。

†自治体固有の風土

プレスリリース・ヘッドライン　昭和レトロな商店街「亀戸香取勝運商店街」オープン！

プレスリリース・本文冒頭　亀戸の香取神社（亀戸3）の参道にある商店街「亀戸香取大門通り会」が、3月12日（土）、昭和レトロを彷彿させる外観に衣替えし、名称も新しく「亀戸香取勝運商店街」としてオープンします。この商店街は、2010年度、東京都地域連携型モデル商店街事業に指定され、東京都及び江東区の支援を受けて観光レトロ商店街として整備を行ってまいりました。（後略）　（傍線強調は筆者）

この短い役所のプレスリリースには、第4章で詳解する「自治体固有の風土」を幾つも垣間見ることができます。

「自治体固有の風土」第一の問題は、昭和レトロという言葉を繰り返すことに象徴されるように、豊後高田レトロ商店街を成功事例に見立て、成功事例を表面的に模倣する前例主義です。江東区文化観光課に聞いたところ、視察先の一つに豊後高田レトロ商店街が含まれていました。

プレスリリース・ヘッドラインにある「レトロな商店街　亀戸香取勝運商店街」の実態は、どうやら新横浜ラーメン博物館を真似た豊後高田レトロ商店街の外観だけを真似たようなのです。江東区が訪問した他の視察先は、視察の目的が非常に曖昧でした。このように、視察には自治体固有の風土が顕著に露呈するので、第4章の「公務員と議員の事前準備なき視察は、税金と時間の無駄」で掘り下げて詳解します。

「自治体固有の風土」第二の問題は、マスコミを利用した「世論への幻想の刷りこみ」です。江東区が「この商店街は、江東区の支援を受けた」と強調して、マスコミに報道させるのは、あまりにも「不自然で、偽善的」です。

不自然という理由は、世論に「役所は頑張って仕事している」という幻想を刷りこみたい気持ちは分かりますが、これほど不自然な報道だと逆に、世論から次のように解釈されて、反感を買うのは必至だからです。

「これは、役所の実績づくりを宣伝しているつもりらしいが、日曜日は4割が定休日で店を閉めている滑稽なレトロ商店街に多額の税金を浪費したくせに、勘違いも甚だしい。」

偽善的という理由は「この事業は、自治体の都合でやっている」という商店主の言葉に象徴されます。商店街の補助金依存は、実は予算を獲得・消化したい「自治体の都合」から始まることが多いのです。

†補助金づけが商店主の行政依存を誘発

私の実家は数年前まで、広島駅前の商店街で飲食店を営んでいました。当時の話ですが、自治体から「こんなモデル事業を始めるから使ってくれませんか？　事業費は、ほとんど補助金だから、お金の心配は大丈夫です」等と、よく「補助事業の営業」を受けました。

自治体が補助事業の営業を続けると、商い感覚が麻痺する商店主が出てきます。すなわち「自分の商いなのに、自治体の都合のために、やってやる」感覚に変わっていくのです。

感覚が麻痺した商店主は「商店街の売上や賑わいが悪くなれば、自治体が助けてくれる（補助金をくれる）」と言って、行政へ依存するようになります。

今、商店街の補助金依存は全国に蔓延しています。商店街は補助金を投入しても、なかなか活性化しません。むしろ、補助金への依存が強まるほど、衰退する商店街が増えています。商店街が衰退した一番の理由は、大型店やインターネット通販などライバルとの差別化などを怠る商店主の努力不足にあります。

しかし、商店主の努力不足を「自治体の（予算を獲得したい）都合」が加速させたのも事実です。端的に言えば、商店街の衰退は、自治体の補助金ばらまき施策が引き起こした産物なのです。

自治体や御用学者は「商店街は大型店に客を奪われた可哀想な存在だから、救済すべき」と言いますが、本音は「役所の予算を獲得したい都合、役所の実績づくり」にあります。

この構図は農業にも見られます。作る物と量は自分で考えず、行政の言うがままに任せると、補助金をもらえてしまいます。補助金づけで努力を怠るようになった日本の零細農家は、気がつけば、ライバル（海外農業）に全く太刀打ちできなくなっています。

補助金とは本来、衰退した産業が「ライバルとの差別化（競争力の強化）」を目的に、期間を限定して支給することで、自立を促すものです。

商店街と農業の活性化を真剣に考えるならば、補助金ばらまき施策はやめて、自立を促す施策へ転換を図る勇気ある提案が出て然るべきです。商店街の場合、3つの大きな効果が期待できます。

①商店街は行政に依存しなくなり「自立する、自分で考える」ように変わる。

②自治体の仕事が「予算の審査・分配」から「利用者と商店主の双方が豊かになる提案」に変わる。

③自治体の予算むだ遣いが大幅に減る。

本書は、①と②の必要性と方法を示すことで、③の実現も目指しています。

第２章

キャラクター商店街の罠

個店の努力が顧客に伝わる水木しげるロード

キャラクター商店街とは、テレビ等で有名なアニメ・キャラクターの銅像や関連商品等を集客装置として使い、一見の観光客を集める商店街のことです。

アニメ作家にとって、出身地の「まちおこし」でキャラクターが活用されることは本望であり、高い宣伝効果も期待できます。したがって、作家の多くは強く支援してくれるので、商店街は銅像建築費等の少ない投資で高い効果をあげることができます。

課題は、実践できる商店街が人気作家の出身地に限られることです。そこで、映画やテレビ等のロケを誘致する活動「フィルム・コミッション」が活発化しています。いずれにしても、作家のプロダクションやマスコミからの支援があって成立する構図に変わりはありません。

キャラクター商店街が成否を分ける要因は2つあります。まず「キャラクターの現在における人気度」の問題です。映画やテレビ等の放映が、かなり昔に終了した「オワコン（終わったコンテンツ）」を使うキャラクター商店街は、集客も関連商品販売も苦戦しています。

次に「消費者の比較評価」から生じる問題です。キャラクター商店街とレトロ商店街は、テーマパーク商店街という位置づけから、消費者はディズニーランド等テーマパークと「比較評価」します。ディズニーランドにリピートする顧客の満足度は、ミッキーやミニーなど「着ぐるみ隊を活用した顧客との直接的な交流」効果が一番大きいと言われています。ディズニーランドを体験した消費者は、キャラクター商店街の「動けない無機質な銅像」には直ぐ飽きてしまいます。

こうした課題の解決策として、「ゆるキャラ」のブームも相まって、商店街が独自キャラクターの「着ぐるみ」を開発して、顧客との直接的な交流を進める事例が増えています。

ケース❹ 本物の成功事例は、学びの宝庫
――鳥取県境港市水木しげるロード

†成功した結果の表面でなく、進化の過程を視る

キャラクター商店街は、レトロ商店街と同じ構図が見られます。すなわち、まちおこし施策としては成功できたとしても、商店街施策としては多くの問題を抱えています。

本書の目的は「衰退した商店街の再生策を導く」ことなので、第2章では同じ構図を考察することは避けて、第1章で明らかになった課題を踏まえて、違う視点と問題意識を設定することにします。第1章で明らかになった課題は主に次の3点です。

① 公務員の施策は「成功事例を模倣する施策、補助金ばらまき施策」が多い。
② その結果、商店主は「補助金・行政へ依存度を高め、意欲と能力が低下」している。
③ 以上の結果、商店街は全体的に衰退し、商店街内の格差が拡大している。

鳥取県境港市の「水木しげるロード」は、この3点の解決施策を考えるうえで格好の事例です。最初に強調しておきますが、商店街施策としては、多くの問題を抱えています。しかし、まちおこし施策としては「本物の成功事例」です。

私が「本物の成功事例」と強調する意図は、前著『地域再生の罠』で検証したように、専門家やマスコミなどが成功事例と言うものの多くが、実は成功していないからです。そして前著で、もう一つ重要な指摘をしています。

徳島県上勝《かみかつ》町の「葉っぱビジネス」を事例に説明したように「本物の成功事例は、模倣が非常に難しい。にもかかわらず、模倣できる表面だけを安易に模倣した他都市は全て成果が出ていない」事実です。本書は、上勝町の葉っぱビジネスをケース⑧で「公務員と議員の事前準備なき視察は、税金と時間の無駄」という視点から詳解します。

以上の指摘は、水木しげるロードにも当てはまります。上勝町の葉っぱビジネスと、水木しげるロードの共通点は「前例なき取組を、一部開業など小さな形で始めて、試行錯誤を重ねて進化していく過程」にあります。この過程は「成功した結果の表面」には現れないので、成功した後の予習なき視察からは、得るものが非常に限られます。

そこで本書は、水木しげるロードが進化していく過程を詳解することにします。

†始まりは、安全で魅力ある歩道づくり

境港市は1989年に「緑と文化のまちづくり」を掲げ、商店街を含む市街地の道路は車道を狭めて、広い歩道を確保して「安全で魅力ある歩道づくり」を進めることになりました。

この計画は私が日田市長に提出した意見書と同じ理念に基づいています。日田市の失敗と境港市の成功を分けた要因は取組の根底にある理念の差にあります。すなわち、日田市は「人より自動車を優先する理念」だから失敗したのに対して、境港市は「人にとって安全で魅力ある歩道づくり」を理念に掲げて成功しています。両者の差は、写真4（37頁）と写真8（69頁）を比べると、視覚的にも一目瞭然です。要するに、両者の取組は「テーマパーク商店街」という同じカテゴリーなのですが、理念の違いが成否を分けたのです。「安全で魅力ある歩道づくり」の理念は、日田市長への意見書に明記したように、まちづくり先進国では常識ですが、日本ではあまり導入されていません。理由は「人より自動車を優先する思考」と「この理念の実現には、非常に長い時間がかかるリスク」にあります。事実、境港市の計画も、効果を発揮するまで15年前後の長い時間を要しています。

自治体はどこも長期基本計画書を策定しますが、中身は「美しい理論を並べるだけで、実行に移す意欲は見られない」計画書ばかりです。本物の成功事例は、首長などキーマンが「実行に移す意欲、長い時間を要しても実行し続ける行動力」から生まれます。

前著『地域再生の罠』の第4章で、地域再生には自治体の改革が必要であり、佐賀県武雄市の樋渡啓祐《ひわたしけいすけ》市長を例に「首長の理念と意欲が役所を変える」意義を主張しました。本書では当事例が、その主張に相当する事例になります。

†首長が役所を変える

緑と文化のまちづくりの「緑」は、商店街の拡幅した歩道に植栽を実施することを意図しています。これは「前例が多い無難な計画」です。一方「文化」は、境港市出身の漫画家である水木しげる氏の代表作「ゲゲゲの鬼太郎」等に登場する妖怪の銅像を設置して、水木しげるロードとして整備することであり、こちらは「前例がない冒険的な計画」です。

この「文化」計画に、商店街が猛反発しました。反発した理由を商店主の立場から表現すると次のようになります。

① 前例、成功事例がない。

② 車道を狭めると、店前に駐車スペースがなくなり、来店者が減るに決まっている。
③ 店前に妖怪銅像の設置は、気味が悪いし、客が寄りつかなくなるに決まっている。

冒険的な計画である③を除く①と②は、全国の商店街が再生策を検討する場合に共通して見られる現象です。特に①は、自治体職員にも見られます。つまり「前例・成功事例がないことは絶対やらない」発想が強すぎて、前例のない提案は全て「うまくいかないに決まっている」と、頭から決めつけてしまうのです。

こうして、自治体と商店街は何をやるにしても「前例・成功事例を探して、模倣が簡単に見えるものを選ぶ」悪しき習性が染みついています。

本物の成功事例は、この悪しき習性を打破することから始まります。そのためには、首長などキーマンに「実行に移す意欲、長い時間を要しても実行し続ける行動力」が必要であると先述しました。境港市の場合は、黒見哲夫氏（元市長）と水木しげる氏がその役割を果たしています。

†「やる気のある地域、できる部分」から始める

黒見市長の当計画を「実行に移す意欲、長い時間を要しても実行し続ける行動力」に、境港市職員は良い影響を受けたようで、次2つの交渉を粘り強く進めます。

まず、水木しげる氏と交渉を行い「作者である水木氏への著作権料は原則無料など、強力な支援の意思」を引き出します。交渉を受けた水木氏は以後、長期にわたり境港市の取組を強力に支援するキーマンになります。後述するJR境線に鬼太郎列車を走らせる計画は、水木プロダクションのアイデアと支援が実現の決め手になっています。

次は、計画に猛反発する商店主との交渉です。当初は、ほぼ全員の商店主が猛反対していましたが、水木氏の支援表明や市役所職員の熱意に感化されて、松ヶ枝町商店街の南側が賛成を表明しました。水木しげるロード計画は、4つの商店街の全長800m両側を対象としていましたが、松ヶ枝町商店街の南側200mに限定した部分開業に踏み切ります。

このように「やる気のある地域、できる部分」から始めて、残りは実績を出して、その成功を見せてから全員を巻き込む手法を、他の自治体や商店街は是非、見習いましょう。

全員合意を最初から目指すと、合意形成を目的と勘違いしてしまい、成功事例の表面的な模倣施策しか実施できなくなります。

†長期化を覚悟、自ら働き、協力者へ貢献

前例がない時は「店前に妖怪銅像の設置は、気味が悪いし、客が寄りつかなくなるに決まっている」と言って猛反対していた商店主が、いざ部分開業して成功すると「私の店前は銅像がないから観光客が来ない、不公平だ」と言い、手の平を返して賛成に回ります。身勝手で困った人たちですが、こういう困った人たちを含めて「協力者を増やす」ことが、本物の成功に辿りつく過程で、非常に重要となります。

水木しげるロードの年間観光客数は、松ヶ枝町商店街の南側200mに23体の銅像を設置して部分開業した1993年は約2万人で終わりました。1993年、銅像の破損あるいは窃盗事件が相次ぎ、事件が起きる度に全国ニュースとして報道されました。これは「無料の全国広告」を何度も実施する以上の効果を生み、翌1994年には約28万人の年間観光客数を記録しました。2年目に高い集客を実現したことで、開業から僅か3年後の1996年に全体開業を迎えます。偶然とはいえ、マスコミが最初の協力者になってくれたことで、協力者の必要性を認識することになります。

以降、年間観光客数は増加基調が続き2006年には90万人を突破します。ここに至る

まで計画策定から17年、銅像設置から13年もの長い時間を要しています。

その間、次のような協業を企画提案して、ことごとく実現に結びつけています。

① JR西日本との協業：境港駅と米子駅を結ぶJR境線に鬼太郎列車を導入

② 郵便局との協業：既存局を水木ロード郵便局と改名し、消印に鬼太郎キャラクターを採用

③ 米子空港との協業：愛称として「米子鬼太郎空港」を採用

④ 自衛隊美保基地との協業：美保基地の開庁50周年記念として、鬼太郎塗装機を導入

以上の企画提案は、協力者にも増収効果あるいはPR効果があるウィン-ウィンの関係を築くことができるものです。JR境線は廃線か民営化を検討するほど乗客数が少ない状況にあったから、鬼太郎列車という観光列車を走らせる水木プロダクションの提案に乗ったと思います。また、郵便局は提案を採用することで、絵葉書を購入して投函することによる売上増を期待したはずです。

役所の企画は、それぞれがバラバラで相乗効果を生まないことが多い中、以上の企画提案は、高い相乗効果をもたらしています。具体的に言うと、鬼太郎列車に乗って境港駅に

到着したら、駅前の水木ロード郵便局で絵葉書を購入して知人宛に投函する相乗効果です。東京からの観光客の場合は、米子鬼太郎空港を使う相乗効果も期待できます。

以上の取組から「時間がかかることを覚悟、自ら働き、協力者へ貢献」という成功法則を見出すことができます。商店街再生で失敗する事例の多くは、正反対のことをやっています。すなわち「直ぐ効果が出ることしかやらない、自らは何もしない、相手は得をしない（自分の利益しか考えない）施策を提案する」のです。

まちづくりや商店街再生の取組は「連携」という言葉が乱用されます。連携という言葉を乱用する者ほど、提案内容は「相手は得をしない（自分の利益しか考えない）」傾向が顕著に見られます。

第4章で、連携など「美しい言葉、理論」を乱用して、仕事をしたつもりになっている自治体の事例を示し、再生施策は「理論の美しさ」でなく「行動に繋げる」重要性を説明します。

†キャラクターの再生に何度も助けられた幸運

2007年からの4年間で、水木しげるロードは大きく飛躍します。2007年は、テ

図表1　水木しげるロード年間観光客数（出典：境港市）

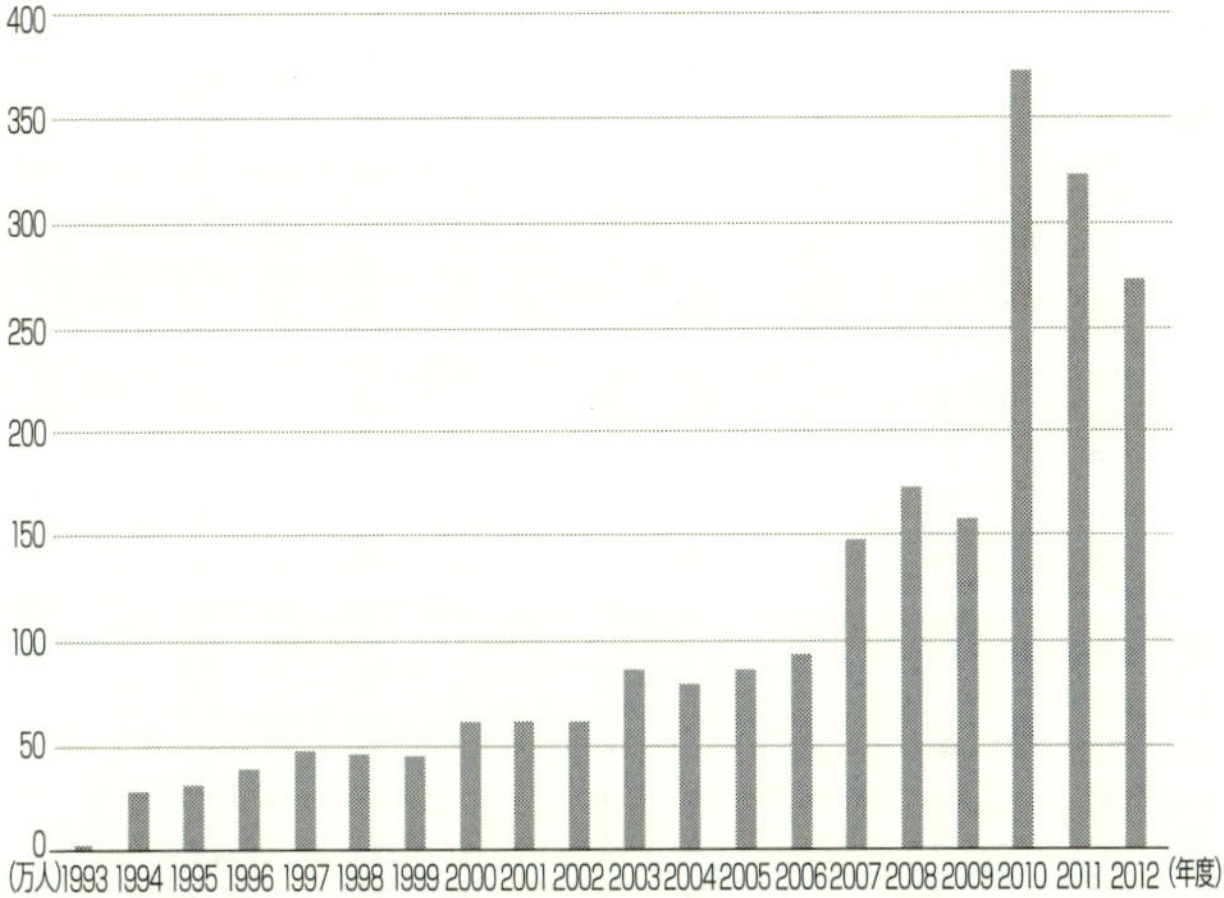

レビアニメ「ゲゲゲの鬼太郎」第5期が放映され、映画化も決まりました。年間観光客数は2007年に前年の93万人から148万人へ急伸します。

次の飛躍は、NHK連続テレビ小説「ゲゲゲの女房」が放映された2010年に起きます。年間観光客数は2010年に前年の157万人から一気に372万人へ倍増します。しかし、その後2年間は、毎年50万人ずつ減少しています。

水木しげるロードの年間観光客数は、まるでジェットコースターのように激しく増減しますが、実はここに、キャラクター商店街のリスクとリターンがあるのです。

一言で要約すると「キャラクター商店街

の集客力は、キャラクターのコンテンツ力に非常に強く依存・比例」するのです。分かりやすく言えば、「オワコン（終わったコンテンツ）」だったキャラクターが再生すること、その結果としてキャラクターが現時点で活きていることが商店街の命運を左右します。

事実、水木しげるロードの人気は、キャラクターである「ゲゲゲの鬼太郎」がテレビや映画などで何度も再生する幸運に支えられています。年間観光客数の急増は、見事にキャラクターの再生時期、すなわち「テレビや映画の放映時期」と重なります。

これは、水木しげるロード以外のキャラクター商店街が成功できない最大の理由でもあります。つまり、成功できない他のキャラクター商店街は、キャラクターそのものが「オワコン」であるか、後述するように「キャラクターの数が少ない」のです。

†キャラクターに依存するリスク

キャラクター商店街の集客力が、キャラクターのコンテンツ力に依存・比例する問題は「商店街内の格差」も引き起こします。

問題は大きく2つに分けることができます。まず「キャラクター関連商品の開発」が難しい業種の店と、しやすい店で集客力に格差が生じる「業種格差の問題」です。そして、キャラクター銅像がない場所と、ある場所で集客力に格差が生じる「立地格差の問題」です。

商店街内の格差問題は、豊後高田レトロ商店街でも顕著に見られることを先述しました。

写真7　キャラクター銅像がない場所は、人がいない

写真8　キャラクター銅像の前は、写真撮影の行列ができる

2つの問題点のうち、業種格差の問題は「個店の意欲、工夫」で解決すべき問題です。豊後高田市は、この意識がないために、商店街内の格差が拡大しました。一方、水木しげるロードは「個店の意欲、工夫度」が非常に高く、その具体的な取組は後述します。

次に、立地格差の問題は、個店で解決できるものではありません。そこで、水木しげるロードは銅像数を増やす取組を継続的に進めていて、現在は153体です。

この取組も、幸運に恵まれます。なぜなら、銅像数はテレビ等に登場するキャラクター数が上限になるからです。たとえば、アニメの人気度では「ゲゲゲの鬼太郎」を凌ぐと言われる「ドラえもん」や「名探偵コナン」で銅像を造る場合は、登場キャラクター数が少ないので、15体前後が上限になります。事実、水木しげるロードと同じ鳥取県の北栄町《ほくえいちょう》が推進する「名探偵コナン」にちなんだ商店街「コナン通り」の銅像数は現在、12体です。

一方、「ゲゲゲの鬼太郎」は、稀に登場する悪役キャラクターを含めると「銅像設置数を150体前後にまで増やす」取組が可能になります。

このように、キャラクターのコンテンツ力は「キャラクターの数」も重要な要素となります。ここまでの考察で、キャラクター商店街を他都市が模倣して結果を出すのは、非常に難しいことが分かると思います。水木しげるロード水準の結果を出すのは無理と言ってもよいでしょう。それでも、キャラクターを活用したい商店街のために、次のケース⑤で留意点と活用方法を示します。

ここでは、全国の商店街で見られる「商店街内の格差問題」への解決策を、水木しげるロードの取組から導くことにします。

†商店街問題は、個店が解決すべき問題から着手

商店街内の格差問題を解決する上で留意すべきは、取組の順序です。水木しげるロードはまず、個店が工夫や努力を重ねているから、個店の努力に報いる意図も含めて、商店街全体で格差問題を解決する取組も行っています。

一方、ダメな商店街は、個店に意欲・工夫がないまま、いきなり「商店街の個店が平等に結果・利益を得られるような取組」だけを実施したがります。

このように「結果の平等ありきの発想」だから、効果が出ないのです。なぜなら、結果の平等ありきの発想からは、成功事例を表面的に模倣する取組しか導くことはできないからです。

水木しげるロードの個店は、キャラクター関連商品の開発・販売に熱心です。個店のユ

ニークなアイデアや大胆な投資は実に立派です。私は全国の商店街を見ていますが、水木しげるロードほど「個店が自ら知恵を絞り、その知恵を自らリスクをとって行動に繋げる」商店街はありません。こうした個店による個別の自発的な取組が商店街再生に繋がっています。読者は是非ここに注目しましょう。

†地域経済循環率を高める商品開発

水木しげるロードの個店で注目すべき取組を2つ紹介します。取組の表面だけを見ると「水木しげるロードだからできる特殊なこと、奇抜なこと」と感じてしまうかもしれません。取組の本質を説明するので、表面の模倣ではなく、本質の応用を実行しましょう。

最初の取組は「地域経済循環率を高める」ことに本質があります。地域経済循環率とは、地元での消費が地元に循環する割合を言います。

たとえば、安さだけを理由に、中国産など地元で生産していないお土産ばかり販売する観光地が増えています。このような観光地は、売上額は高いが、地域経済循環率が低く、観光客数や売上額が増えても、地域再生には繋がりません。

地域再生は「売上額」の向上でなく「地域経済循環率」の向上が鍵となります。地域経済循環率は第7章で詳解します。

境港は、まぐろの水揚げ量が多いことで有名です。地域経済循環率を高めるには、まぐろを中心に地元食材をキャラクター関連商品として開発・販売する取組が有効です。そこで開発されたのが「鬼太郎まぐろラーメン」です。

2006年9月に「名物料理をつくる会」を立ち上げ、まぐろ料理に関する「視察、勉強会」に注力し始めます。そこで最初に決めたのは「料理をラーメンにする」ことでした。新横浜ラーメン博物館の「幅広い世代のリピート客」を獲得する仕組みを参考にしたようです。まぐろラーメンを創ると決まれば、視察と勉強会の場所は必然的にまぐろラーメンの先進地、鹿児島県いちき串木野《くしきの》市に決まります。まぐろの頭をじっくりと煮込んでダシをとる調理法は、この視察と勉強会から学んだそうです。鬼太郎まぐろラーメンの発売は2008年7月26日、名物料理をつくる会の立ち上げから約2年間の時間をかけた労作です。鬼太郎まぐろラーメン店の奇抜・派手な外観（章扉写真）とは裏腹に、商品開発は時間をかけて地道な試行錯誤を重ねたものなのです。

鬼太郎まぐろラーメンのまぐろや海苔は境漁港であがったもので、ネギは境港市に隣接する米子市産を使用するなど地域経済循環率が高い商品になっています。地元関係者とすれば、鬼太郎まぐろラーメンは他の商品以上に売れてほしいと切実に願っています。そんな切実な思いが店の奇抜な外観に表れています。店の外観から、ユニークな知恵と大胆な店舗デザイン投資が見てとれます。特に私が感心するのは「広告コピーの秀逸さ」です。映画で鬼太郎役を演じた俳優のウエンツ瑛士《えいじ》氏が当店でラーメンを食べて「うまい」と言った事実を広告コピー「ウエンツも大絶賛」として活用しています。また「ここでしか食べられない」広告コピーは、ご当地グルメを売りこむには非常に効果的です。

ガラス張りの店舗デザインも「店内を見せる、魅せる」という商店経営の基本を見事に具現化しています。以上の広告コピーと、750円の鬼太郎まぐろラーメンが飛ぶように売れている店内の盛況ぶりを店外から見ると「いま食べないと、もう食べる機会はないかも!」とか「境港に来て、これを食べないと知人に話もできない」等と感じる人が多いと思います。

†商売の意欲とセンスが高いリーダーが、商店主を鼓舞!

最後に、境港市本町で自治会長を務める釘谷吉三さんの店「靴とはきもの　くぎたに」と、釘谷さん自らがキャラクターになって、商店主たちを鼓舞する取組を紹介します。

靴屋・はきもの屋の場合、「ゲゲゲの鬼太郎」キャラクターを基にした商品開発のアイデアとして「鬼太郎が履く一本歯の下駄」は容易に思い浮かびます。しかし、一本歯の下駄は実用性が非常に乏しく、実際に販売するのは難しいはずです。釘谷さんはその難業を

写真9　境港市本町の自治会長を務める釘谷吉三さんの店「靴とはきもの　くぎたに」

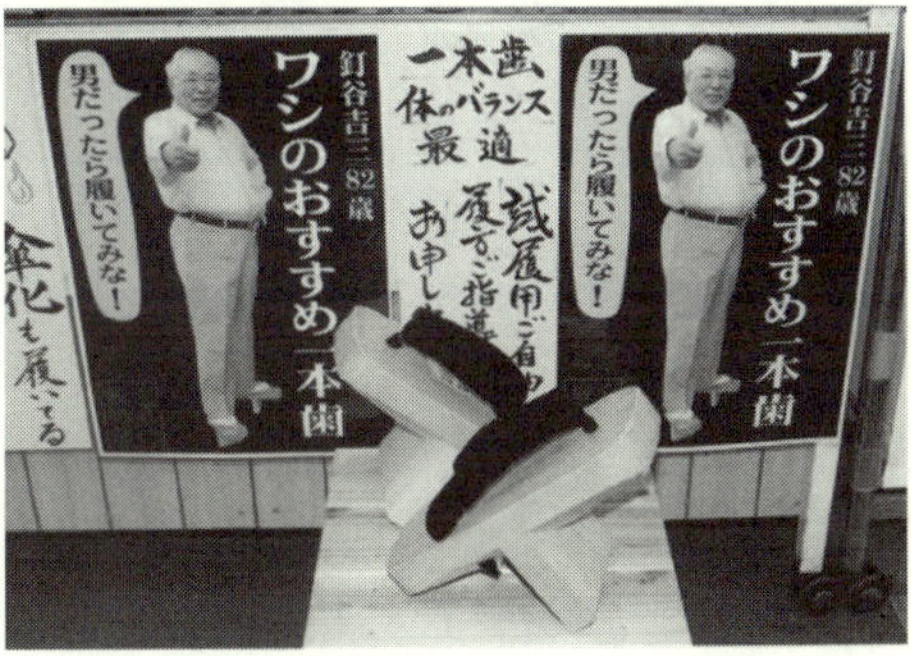

写真10　ポスターと下駄

「おもしろ可笑しく実践」して、話題を集めています。

釘谷さんは80歳を過ぎた今も自治会長として、町内の清掃などを率先して行っています。商店経営者としても、まだまだ現役で活躍しています。特に注目したいのは、自らがキャラクターになったポスターを店前に展示して、顧客の心をつかむと同時に、周囲の商店主たちを鼓舞していることです。

ポスターには「一本歯の下駄は、体のバランスを最適化する」と書かれ、現代人の最大関心事である健康志向に訴求する広告センスの高さが感じられます。また「男だったら履いてみな！」という広告コピーと写真ポーズも、顧客の心に刺さる力があります。

このポスター、よく見ると、釘谷さんが一本歯の下駄を履いて、バランス良く立って、サムアップのポーズまでとっています。80歳代の釘谷さんが一本歯の下駄を履いて決めるポーズと元気な笑顔を見れば、健康に良いという商品の効能を納得してしまうでしょう。

次に「試着・試食は販売促進の基本」ですが、釘谷さんのポスターにある広告コピー「試履用ご自由に～」は、販売促進の基本を忠実に実践しています。

ある商店主は釘谷さんの存在を、彼のポスターをもじって、こう表現します。

「男だったら、おまえも個店の努力をやってみな！　と鼓舞されています。」

ケース❺ テーマパーク商店街で一番になれないなら、地域一番店になる！
――鳥取県北栄町コナン通り、東京都品川区戸越銀座商店街

†キャラクター商店街は、プロダクションが監修するテーマパーク

キャラクター商店街を他都市が模倣して結果を出すことは非常に難しく、水木しげるロードと同じ水準の結果を出すのは無理と先述しました。これは境港市の関係者も認めているようです。

成功事例と言われる商店街には、公務員や地方議員など全国から視察者が殺到しますが、境港市も例外ではありません。境港市の関係者は視察者への説明冒頭で、次①のように話すそうです。この話を聞いた視察者が、著作権を含めた水木先生の支援内容を質問すると、次②のように説明するそうです。

①「水木しげるロードは、水木しげる先生の強力な支援なくしては、成功していないでしょう。」

②「境港市が建設した水木しげる記念館の入館料の一定割合を市から水木プロダクションへ支払います。著作権使用の場合、事前に必ず水木プロダクションの監修（許可）を得ることを前提に、ほとんどの著作権使用料は原則無料として頂いています。」

境港市関係者の「謙虚で正しい認識と、安易な模倣を奨励しない姿勢」は賞賛に値します。そう、水木しげるロードが成功した最大の要因は、著作権の原則無料など「作家およびプロダクションの強力な支援」にあります。

要するに、キャラクター商店街は、プロダクションが監修するテーマパークなのです。この位置づけから、キャラクター商店街を他都市が導入する場合のメリットや留意事項として、次3点が浮かびあがります。以下に、この3点を詳しく説明します。

① 商店街がプロダクションの監修（コンサルティング）を得る意義は非常に大きい。
② テーマパーク商店街で一番になれないなら、地域一番店になる。
③ 著作権問題を解決する手段として、商店街が「ゆるキャラ」を開発する施策もある。

†プロダクションの監修はコンサルティング

商店街はビジネスをしていながら、実はビジネスの意欲と能力が低い商店主の集団です。これを前提に本書は課題と解決施策を示します。水木しげるロードも成功する前は、そういう集団でしたが、後に個店が素晴らしい取組をするように進化したことをケース④で説明しました。

個店が進化する過程で、水木プロダクションの監修が大きく貢献しています。水木プロダクションにとって、監修の目的は主にコンテンツ力（ブランド力）の保護・増進にあります。一方、個店にとって「監修はコンサルティング」と同義であり、コンサルティング費用をかけずに、効果の高い広告宣伝を実施できて、売上増加という恩恵を得ています。

その好例が鬼太郎まぐろラーメンです。商品名や看板は勿論、プロモーションまで水木プロダクションの監修（コンサルティング）を受けています。

映画「ゲゲゲの鬼太郎」で鬼太郎役を演じた人気俳優のウエンツ瑛士氏が、水木しげるロードへやって来て、当店の看板を映した後に鬼太郎まぐろラーメンを食べて「うまい！」と絶賛してくれて、その映像が全国に流れる幸運は、偶然に起きるはずがありません。言うまでもなく、プロダクションやマスコミが連携して仕掛けたプロモーションです。

この映像は2008年8月16日にNHKテレビ「おはよう日本」の中で「ウエンツが行

く妖怪の町」と銘打ったコーナーで放映されました。先述したように、まぐろラーメンの発売日は2008年7月26日であり、発売日の僅か3週間後にNHKが新商品を宣伝する形になっています。

事実、「おはよう日本」の「ウエンツが行く妖怪の町」コーナーは、映画「ゲゲゲの鬼太郎」のコマーシャル番組かと見紛うほど、同映画の宣伝に時間を割いていました。この放映から1年半後の2010年3月から、NHK連続テレビ小説「ゲゲゲの女房」が始まった顚末を考えると、国営放送局が映画「ゲゲゲの鬼太郎」を過剰に宣伝した真意は、1年半後に始まる自局番組の視聴率を上げる布石だったのでしょう。

NHKテレビ「おはよう日本」は、まちおこしに奮闘する地域を過剰な演出で宣伝してくれるので、その地域は観光客数が大幅に増加する恩恵を受けています。

水木しげるロードの年間観光客数も、2008年は前年の148万人から172万人に増加し、NHK連続テレビ小説が始まった2010年は372万人を記録しました。私が水木しげるロードを訪問した2009年7月は先述したように、まぐろラーメンが飛ぶように売れていました。

プロダクションの監修（コンサルティング）は、商店街全体にとっても、個店にとっても、絶大な効果を生み出しています。この例に見るように、商店街支援で最も有効な策は、箱物投資やイベントではなく、コンサルティング等による商店街や個店の「運営を改革」することです。

†「コナン通り」との相乗集客、比較勝利、一人勝ちへ

テーマパーク業界は、よく「ディズニーランドの一人勝ち」と言われます。一人勝ちの結果、閉鎖あるいは縮小経営に追い込まれたテーマパークは少なくありません。

一人勝ち現象は、キャラクター商店街およびレトロ商店街など「テーマパーク商店街」にも共通します。この構図を、鳥取県にある2つのキャラクター商店街を比較考察しながら説明しましょう。

北栄町のコナン通りと境港市の水木しげるロードは自動車で約1時間の近い距離にあります。観光客にとっては、1日で両者を観光できることは非常に魅力が高く、それが観光地を選ぶ重要な理由になっています。つまり、両者は距離とコンセプトが近いことから、相乗集客できるメリットがあります。

しかし、1日で両者を観光すると、シビアな比較評価を受けることになります。比較評

価は必ず、勝者と敗者を生みます。両者の差が大きければ、敗者は「がっかり名所」として、クチコミされるようになるでしょう。

ここで、銅像数の差や、キャラクター関連商品の開発・販売に熱心な個店数の差、その結果として賑わいの差が如実に出ます。12体と153体という銅像数の差が示すように、双方を観光した者は、熱烈なコナン・ファンでない限り、コナン通りに失望するはずです。

同じ現象が、レトロ商店街にも見られます。新横浜ラーメン博物館を知る観光客は、豊後高田レトロ商店街の中途半端な造りに落胆するでしょう。

コナン通りも、豊後高田レトロ商店街も、関係者が頑張っていることは私も承知していて、消費者視点な厳しい評価をするのは、気がひけます。

しかし、あらゆるビジネスは消費者の視点から評価すべきで、そこから導いた課題を解決することで成長が可能になります。商店街の多くが衰退する理由は、ここにあります。

つまり、商店街再生施策の視点と目的が、実は消費者のニーズでなく、商店主や公務員の都合にあるのです。自分の意欲と能力の低さを隠蔽するために「大型店に客を奪われた」という幻想的な視点から導いた課題は「前提となる視点が正しくない」ので、何をやっても効果が出ないのです。

図表2　テーマパーク商店街と地域一番商店街の比較

	テーマパーク商店街	地域一番商店街
ターゲット顧客	一見の観光客	地元市民
顧客ニーズ	非日常的な楽しさ	日常的な生活インフラ
競合相手	全国の同類テーマパーク	地域内の大型店、コンビニ等
競合との差別化	テーマで際立つ戦略	3コウ戦略の交流戦略※

※3コウ戦略は、第6章で説明しています。

†テーマで一番になるか、地域一番店になる

これまでの考察を通して、消費とは「それぞれのテーマで、最も優れた一つを選別する比較評価の結果」という見方ができます。ここから販売者側、すなわち商店街側の施策を導くと「あるテーマで一番になるか、地域一番店になるか」の戦略を選択することが重要となります。

豊後高田レトロ商店街は、地域一番店という戦略は捨てて、レトロというテーマパークで勝負をかける戦略を選択しました。結果は、テーマパークとしては模倣元である新横浜ラーメン博物館に見劣りします。地域一番店の座は大型店「トキハ」が自らの経営努力によって勝ち取りました。逆に、地域一番商店街を標榜しながら、大型店などと差別化ができず、衰退する商店街もあります。

そこで、差別化戦略の一つとして、商店街が独自の「ゆるキャラ」を開発する取組に注目します。商店街が独自の「ゆるキャラ」

を開発するメリットは、主に以下3点です。
① 動けない無機質な銅像との差別化として、動ける「着ぐるみ」を導入できる。
② キャラクターのデザインや名称の選定に、顧客が参加できる。
③ 自らが著作権をもつことで、施策展開に自己裁量が生まれる。

「動けない銅像」から「顧客と交流できる着ぐるみ」へ

キャラクター商店街は、銅像がある場所とない場所の店で集客に大きな格差が生じます。水木しげるロードは銅像数を153体まで増やす対応を進めましたが、キャラクターごとの人気差と、銅像作成にかかる資金面の課題に直面しています。そして、開業当初から、動きのないキャラクター銅像に観光客、特に子供や女性から「感動しない、すぐ飽きる」という声が続出していました。

これも「消費者の比較評価」から生じる課題です。ディズニーランドにリピートする顧客の満足度は、1983年の開園時から継続的に強化されている「着ぐるみ隊を活用した顧客との直接的な交流」が一番大きいと言われます。ディズニーランドへ行く子供や女性が一番楽しみにしていることは、ミッキーやミニーなどアニメ・キャラクター「着ぐるみとの握手や記念撮影など交流」です。

1993年に開業した水木しげるロードへ訪れる観光客の多くは、ディズニーランドでアニメ・キャラクターの着ぐるみと触れあった楽しさを体験しているはずです。その体験と比較評価すると、動きのない無機質なアニメ・キャラクターの銅像ばかりが150体以上も並ぶ水木しげるロードには、不満を感じて、すぐ飽きてしまうのです。

この課題は、キャラクター商店街の位置づけは「テーマパークであり、業界1位のディズニーランドを同業者と意識した取組が求められる」必要性を浮き彫りにしました。

水木しげるロードも、遅まきながら開業後8年目の2000年から着ぐるみ隊を導入しました。着ぐるみ隊の出動はコスト面の制約もあり、休日やイベント時に限られますが、着ぐるみ隊が観光客と握手したり記念撮影に応じる等、ディズニーランド同様の顧客サービスに取り組んでいます。

一方、コナン通りは未だに、着ぐるみ隊を導入していません。水木しげるロードは着ぐるみ隊の導入に時間こそかかりましたが、顧客の不満に耳を傾けて、その解決を実現する「顧客志向な発想と行動力」に優れています。水木しげるロードの成功要因は「顧客志向な発想と行動力」にもあるのです。

†地方自治で最高の成功事例、ゆるキャラを商店街再生に活かす

これまでの考察から、キャラクター・ビジネスで成功するには「動きのない無機質なキャラクターの銅像」では限界があり「キャラクターの着ぐるみを活用した顧客との直接的な交流」が有効であることが明らかになりました。

キャラクターの着ぐるみを活用した顧客との直接的な交流を活用した成功事例は、地方自治の分野でも、ゆるキャラとして活発に採用されています。ゆるキャラは、近年の地方自治で最高の成功事例であると私は考えています。理由は、自治体としては珍しく「市民参加、著作権保有」を実現したことにあります。

ゆるキャラ・ブームの走りとなった滋賀県彦根市の「ひこにゃん」は、愛称の公募を行い、1167点の応募から2006年4月に愛称を決定しています。愛称を決める過程で、誰でも気軽に関与できる「市民参加」の形をとったことが、ひこにゃんが多くの市民から愛される要因になっています。

第二の成功要因「著作権保有」の効果も、ひこにゃんの成功が示しました。キャラクターの所有権を自治体が保有することで、自治体は自己裁量により、ひこにゃんを市民や企

業が使用する著作権使用料を無料にしたり、ひこにゃんが幅広いイベントに参加できるようにしました。その結果、ひこにゃんは市民から「わがまちのキャラクター」と愛されて、イベント集客に絶大な効果を発揮しています。

ひこにゃんの成功以降、自治体の多くが地域独自のゆるキャラを誕生させています。同様に、大型商業施設や商店街が独自にゆるキャラを開発する動きも活発化しています。以下に三重県で28店のスーパーを展開する「ぎゅーとら」と、東京都品川区戸越銀座商店街を例に、ゆるキャラ活用方法を紹介します。

†脱ないものねだり――斬新な企画は、既にあるものの組み合わせ

小売店で面積当たりの売上が世界一高い店として、ギネスブックに認定されているスーパー「ステュー・レオナルド」（Stew Leonard's）を紹介しましょう。売上効率が高い秘密は主に、店独自キャラクターの着ぐるみたちが店内で顧客の子供と遊んでくれることにあります。地元アメリカで"The Disneyland of Dairy Stores."と呼ばれ、子供が行きたがるスーパーとして有名です。

ぎゅーとらは、ステュー・レオナルドの取組を応用しているようです。ぎゅーとらは自

社保有のキャラクター着ぐるみ「とら吉くん、トライくん」等を幼稚園や地域のイベントに派遣しています。特に、幼稚園イベントには力を入れていて、派遣回数は年間50回前後におよぶそうです。着ぐるみ達がイベント終了後の別れ際に「また遊ぼうね、お店で待ってるよ!」と言えば、子供たちは「また、トライくんに会いたい!」と親にせがむでしょう。また、わが子が着ぐるみと楽しそうに遊ぶ姿を見た母親は、ぎゅーとらの取組に共感して、同世代の母親たちにクチコミしてくれるはずです。

このように、母子双方を店のファンにする戦略は非常に有効です。

ぎゅーとらが着ぐるみを子供たちがいる場所へ派遣することに注力する一方、戸越銀座商店街が保有するキャラクター着ぐるみ「戸越銀次郎(愛称は、銀ちゃん)」は、商店街内でのイベントや接客に活躍しています。

戸越銀座商店街の注目すべき取組は、空店舗に地方都市の商品を販売・PRするアンテナショップ「銀ちゃん物産シアター」を開設し、キャラクター着ぐるみの銀ちゃんに店をもたせたことです。これは「空店舗対策、アンテナショップ、キャラクター着ぐるみ」という3つの事業を組み合わせて、相乗効果を狙う斬新な取組です。

写真 11　銀ちゃん物産シアターで、全国各地の食品を PR する銀ちゃん

斬新な企画とは、このように既にあるものを組み合わせることで生まれます。組み合わせはアイデア創出の定番です。

空店舗に悩む商店街は、ないものねだりはやめて、戸越銀座商店街のように、身近なものを組み合わせることで斬新な企画を生み出してみましょう。

第３章
B級グルメ商店街の罠

ヤキトリ日本一宣言の町がB-1グランプリには違う料理で出場した理由とは？

†「B級グルメ商店街の罠」と「B-1グランプリの罠」

B級グルメ商店街とは、その都市を代表する「リーズナブル、B級」な料理を扱う飲食店の集積により、集客を狙う商店街のことです。代表例は栃木県宇都宮市に約70店の餃子店が集積する宇都宮餃子会です。集客対象が地元市民と観光客の双方を狙える点、地元食材を有効活用できる点で、レトロ商店街やキャラクター商店街とは位置づけが少し異なります。

本書は第6章以降で、商店街再生の戦略として、図表3左欄の3点を提案していますが、B級グルメは右欄のような活用が想定できます。

限られた飲食店にだけ観光客を誘致する集客では、図表3に挙げた3点の効果は期待できず、物販店など他業種店への波及効果も期待できません。この観点から、巷で成功事例と言われるB級グルメ商店街の9割以上は失敗事例と言えます。B級グルメ商店街が、地域全体に効果を生むには「起業を誘発しながら、多くの飲食店が集積」することが非常に重要です。

最近、B級グルメのイベント「B-1グランプリ」で話題になった地域で、新規参入

図表3　商店街再生の戦略とB級グルメ活用戦略

商店街再生の戦略	B級グルメを活用する戦略
①シェアで雇用・起業を創出	その料理が起業を促し、商店街の空店舗が埋まる
②地域経済循環率の向上	商店街が地元の食材を活用する拠点となる
③地域コミュニティの育成	B級グルメ商店街は、市民の憩いの場となる

する飲食店を排除する動きが増えていますが、起業と集積を阻害し、利益を独占する悪質な行為です。

したがって「B級グルメ商店街の罠」と「B-1グランプリの罠」は分けて考えるべきです。B級グルメ商店街の多くは、統計などデータから優位性や伝統性の高い食材を見つけて、その食材をB級グルメとして売り出し始めています。B級グルメ商店街の罠は主に、この「データ絶対主義」から生じます。最も多く使われるデータ指標は、人口あたり「家庭消費量日本一、飲食店数日本一」です。ケース⑥は、家庭消費量日本一の統計と他都市の成功事例だけを見て、取組を始めて失敗した「B級グルメ商店街の罠」を解きあかします。

ケース⑦は、飲食店数日本一の統計が示す「やきとり」とは違う料理で、B-1グランプリに初出場で入賞できた今治市の幸運と、他の地域は「B-1グランプリの罠」に、はまる実態を比較考察します。

ケース❻ 女性の感情に無関心なオヤジのデータ絶対主義の罠
——富山県高岡市の商店街

†データ絶対主義の弊害

まちおこしや地方自治の取組で、アンケート調査結果や統計など「データだけを絶対的に信用して、机上で立案した企画」が、ことごとく失敗しています。そういう意味で、ケース⑥は、地域再生や地方自治に関わる全ての人に考えてほしい内容です。

ケース⑥で最も注目すべき点は、2つの自治体が「同じ指標でデータを見て、最も優位性の高い食材を選び、同じような取組を実施」したにもかかわらず、市民志向な宇都宮市による餃子のまちおこしは成功した一方で、市民の志向や感情を考えない高岡市によるコロッケのまちおこしは失敗している違いです。

当事例は、データの裏にある「人、特に女性の感情」に配慮した企画立案の重要性を提言します。

†高岡コロッケと宇都宮餃子の違い

総務省の家計調査年報は様々な食材の家庭消費量について、県庁所在都市と政令指定都市を対象にランキングして発表しています。この統計結果を見て、多くの自治体がB級グルメの取組を始めています。

2004年の同調査によれば、富山県富山市は世帯平均の年間コロッケ購入金額が2346円で1位です。その消費量を期待して地元のスーパー等は、特売日の目玉商品としてコロッケ1個を30円台の安さで販売しています。

富山市に近い高岡市の市役所職員が、この統計を見て「高岡のコロッケ購入量は富山市より多いはず、高岡をコロッケの町として売り出そう」と考えました。2004年9月、高岡市役所の職員有志約20名が「高岡コロッケ消費量向上委員会」を立ち上げます。2008年6月には「高岡コロッケ実行委員会」を設立しています。高岡市役所の職員たちは、最初の調査研究活動で次のような発見があり、コロッケまちおこしを始めたと言います。

「スーパーのチラシはいつもコロッケ特売が目玉である。」
「コロッケを売る店が市内に100店はある。」

高岡市役所職員の「統計などデータを見る視点、組織化の手法と手順、取組内容」は、栃木県宇都宮市による「餃子のまちおこし」のそれを完全に模倣しています。宇都宮市は1987年の同調査で、餃子が「家庭消費量日本一」であることを知ります。1990年に宇都宮市役所の職員有志が自主研究会を設立します。1993年には、飲食店を巻き込んだ「宇都宮餃子会」を立ち上げています。

宇都宮の餃子まちおこしは大きな成果を収め、宇都宮市中心部に約70店の餃子店が集積する「B級グルメ商店街」を形成しました。宇都宮餃子は、B級グルメの取組を始める自治体や団体にとって「統計などデータを見る視点、組織化手法、取組内容」の模倣元となる成功事例と位置付けられています。

また、宇都宮餃子の事例は市役所職員による自主研究会から誕生した「まちおこしの成功事例」としても評判になりました。地方自治体の若手職員が自主研究会を設立する動きが活発化していますが、模倣元は、やはり宇都宮餃子という成功事例なのです。

さて、高岡市役所職員の「統計などデータを見る視点、組織化の手法と手順、取組内容」は、模倣元である宇都宮市役所職員のそれを忠実に模倣しています。しかし、高岡市のコロッケまちおこしは成功できていません。両者の違いは、どこにあるのでしょうか？

†なぜコロッケ購入量が多いかを「考えることが重要」

２０１０年11月に、私は高岡市で講演しています。その時、高岡市の女性たちから次の話を聞きました。

「高岡市役所職員のまちおこしへの想いは立派です。でも、有名な宇都宮の成功事例を上辺だけ模倣したのでしょう。宇都宮市役所は、市民や飲食店を上手に巻き込んだのではないですか。一方、高岡がコロッケの町だなんて思ってるのは市役所だけ。市民の多くは認めていません。いや、むしろ市民は恥ずかしい思いをしています。」（傍線強調は筆者）

高岡のコロッケまちおこしが失敗した理由は「市民は恥ずかしい」の一言に凝縮されています。その理由を高岡市の女性たちは、次のように話をしてくれました。

① 富山は働く主婦が非常に多いようです。多忙な働く主婦は料理に時間をかけられず、ついコロッケなど総菜を買って済ませてしまいます。

② 富山県人の誇りは、持ち家にあります。主婦としては家で揚物料理をすると、油で壁や床を汚す可能性が高く、時間があっても揚物料理は避けています。

③ 以上のように私たち高岡市民にとって、コロッケはスーパー等の特売日に30円台で買って、自宅で食べるものです。外食するものではないから、外食できる飲食店も少ない。その30円台のコロッケを、観光客には100～300円で売る行為は良くないし、一体どこで食べてもらうのでしょう。座って食べられる店は、コロッケ1個300円もするホテルニューオータニのレストランなど2～3店しか思い浮かびません。

要するに、高岡市の女性たちにとって、高岡市がコロッケのまちを標榜することは「高岡の主婦は手抜きが多い、持ち家に執着しすぎる」と暴露するに等しいから、恥ずかしいと言うのです。更には、自分たちが30円台の安い値段で「テイクアウトして家で食べるコロッケ」を、観光客には100～300円で売る地域の住民であることに誇りをもてないと言うのです。

†「そんな話、聞いたことない」は、無関心の結果

ここで注目すべきは「恥ずかしい話は表面化しない」ことです。この話を高岡に住む中高年男性たちに伝えて、当ケース最後に示す解決策を提案すると、中高年男性の多くが「そんな話、聞いたことない」と言い、主婦の意見に基づく私の提案には関心をもてないのです。

「そんな話、聞いたことない」の正体は、数値化できない感情への無関心にあります。つまり、中高年男性は数値化できない「主婦など女性の感情に無関心」だから「そんな話、聞いたことない」のです。

こういう会話は、役所や企業で日常茶飯事のようです。若者や女性が、中高年男性の上司に顧客志向な提案をすると、よく「そんな話、聞いたことない」と却下されますが、その理由は中高年男性が「数値化できない市民・顧客の感情に無関心」だからです。

数値化できない感情を読みとくヒントは、別の統計から得ることができます。富山は女性の就労率が高く、持ち家の「取得率、広さ」は日本一という統計データがあります。データは誰が調べても同じ数字になります。しかし、データを形成する感情に関する情

報の収集力は「調査者の力量に大きく左右」されます。これは、まちおこしや地方自治の企画立案に、すごく重要な観点なので、分かりやすく説明しましょう。

人は自分に関心を示してくれない相手には「恥ずかしい話、大切な話はしない」ものです。なぜなら、恥ずかしい話や大切な話は、理論的に説明できるものではなく、感情的に共感しあって初めて成立します。つまり、データを形成する感情に関する情報は「共感してくれそうな人にのみ集まる」のです。

消費は「理論より感情」で決まります。これはマーケティングを少しでも知る者には常識です。しかし、まちおこしや地方自治の分野では、この常識が恐ろしいほど欠落していて、アンケート調査結果や統計など「データだけを絶対的に信用して、机上で立案した企画」ばかりが採用されるから、ことごとく失敗してしまうのです。

†「売れた」と「売った」の違い

同じデータ値であっても、かつての商店街のように顧客に選択肢がないから販売者は努力しないでも「売れた」場合と、顧客の選択肢が多い中で販売者が努力して「売った」場合とでは、データの意味が全く違います。データの意味が違えば、導く施策は全く違うものになります。

同様に、マスコミなど他者が宣伝してくれた幸運で「成功できた」場合と、自分が努力して「成功した」場合では、観光客数などデータ値は同じであっても意味は全く違います。両者で導く施策は、やはり違います。

ケース⑥は「売れた、売った」の違いを、ケース⑦は「成功できた、成功した」の違いを意識して読み進めてみましょう。

宇都宮市の餃子と、高岡市のコロッケは共に「家庭消費量日本一」という同じデータ値です。しかし、宇都宮市民は餃子を「自発的に喜んで食べていた」のに対して、高岡市民は「忙しいから、しかたなく家族に食べさせていた」という感情的に大きな違いがあるのです。

両者の成否を分けた要因が、もう一つあります。高岡市は家計調査データと宇都宮市の成功事例だけを見て、まちおこしを企画した発想の浅さです。

宇都宮市民は餃子を「自宅でも、外食でも」たくさん食べていたから、餃子飲食店も多く存在していて「宇都宮餃子会」は、飲食店を主役に設立したものです。宇都宮市のB級グルメまちおこしと商店街再生は、70前後もある飲食店を巻き込むことで成功したと言えます。

一方、高岡市民はコロッケを主に「スーパー等でテイクアウト購入して自宅で食べていた」から、コロッケを座って食べられる飲食店は少ないのに「高岡コロッケ実行委員会」を市役所と商工会議所と富山新聞社の三者主導で設立しました。まさに「船頭多くして船、山に登る」状態で、同委員会が作成した「高岡コロッケ・マップ」は、それを象徴しています。

観光客用に作られたはずの「高岡コロッケ・マップ」には、約40店が掲載されていて、作成者のメンツは保たれています。しかし、店舗の実態はイオンを含む自動車でしかアクセスできない郊外スーパーが中心で、駅周辺でも精肉店やデパ地下など「テイクアウト」店が多いのが実情です。

全国どこにでもあるイオンなど郊外スーパーを観光マップで紹介されたら、観光客はどんなに失望するでしょうか？　観光客はコロッケを「どこで、どうやって食べる」のでしょうか？

そういう観光客（顧客）目線は一切なく、ただコロッケを売りたい一心の販売者目線でマップを作成したのでしょう。

コロッケを「立って食え」と言わんばかりに、テイクアウトの店ばかり紹介する「高岡コロッケ・マップ」で、座って食べられる店の紹介は、先述の主婦が話すように非常に少ないのが実情です。地元の主婦たちは、こういう顧客志向の欠如を含めて、コロッケまちおこしの取組を「恥ずかしい」と私に話してくれました。

役所と商工会議所が作成する「観光マップ、商店街マップ」の多くは、高岡コロッケ・マップと程度の差こそあれ、観光客・消費者を非常に落胆させています。若者や女性の意見を聞いたうえで、顧客目線なマップに作り直すことをお勧めします。

†負の物語を、正の物語に編集

統計データの裏側にある感情を理解できると、高岡市のB級グルメ施策は現状とは全く違うものに変わるはずです。以下に2つの施策案を示しましょう。

① 統計データの1位に固執せず、市民が喜んで食べている別の食材に変える。
② 食材はコロッケのままで、負の物語を正の物語に編集して、市民の感情を変える。

後者②は説明が必要でしょう。高岡の女性が抱いている「忙しいから、しかたなく家族にコロッケを食べさせていた」認識は、負（悪いイメージ）の物語です。これを「高岡市は日本一女性が働きやすい、女性の満足度が高い地域である」と、高岡の女性が誇りをもてる「正（良いイメージ）の物語」に編み直して、コロッケをその誇りの象徴と位置づけるのです。

市民がこれまで心の奥で思い描いていた物語を「負から正に編み直す」には、象徴を創ると同時に、マスコミの情報発信が有効です。その好例を紹介しましょう。

滋賀県長浜市の商店街は、かつて「1時間に人4名と犬1匹しか通らない」と揶揄されるほど衰退していましたが、現在は年間約200万人が訪れる観光地へ変貌しています。観光地の中核施設として有名な「黒壁」が成功した要因の一つに「NHKテレビの過剰に演出しすぎる報道姿勢」があります。当時、黒壁の取締役だった伊藤光男さんは『地域《ちいき》力《ぢから》』（講談社、2010）209頁で、次のように語っています。

オープンした頃、NHK大津放送局が取材に来てくれたことがあります。そのときに対応したのは「黒壁」の役員でしたが、NHK側の意向もあり「黒壁ガラス館の館長」ということで出演しました。第3セクターが運営している「小売店」というより、古い建物で「博物館」のようなイメージがニュースバリューになった（中略）そのとき、そんな見方もあるのかと気がついたのです。それから、商品展示の仕方を博物館のようにしました。（傍線強調は筆者）

ＮＨＫの過剰に演出しすぎる報道の実態は、ケース⑤で説明したので、ここでは伊藤さんが心の奥で思い描いていた物語を「負から正に編み直す」部分にフォーカスします。伊藤さんはオープン直後まで、黒壁と黒壁役員のことを「第３セクターが運営している小売店、店長」という負の物語で思い描いていました。それをＮＨＫの過剰演出な報道を機に「古い建物のレトロな博物館、館長」という正の物語に編集したのです。

自分の心奥にある負の感情を「正の物語に編集」した伊藤さんは、黒壁における商品展示の仕方も「博物館のように編集」する重要性に気がつくことができて、年間約２００万人が訪れる観光地への途を歩み始めたのです。

ケース❼ B-1グランプリの罠
——愛媛県今治市の商店街、静岡県富士宮市の商店街

†やきとりを愛する今治市民

愛媛県今治市は、人口あたりのやきとり店数が1998年に日本一である統計結果を知ったことから、1999年3月に「やきとり日本一宣言」を行いました。今治市が公式WEB等で明記する自治体としての正式な宣言です。

今治市が「やきとり日本一宣言」をした1999年頃、宇都宮市による餃子のまちおこしは自治体職員が起こした成功事例として既に話題になっていました。今治市も人口あたりの「やきとり店数が日本一」という統計データを見て、B級グルメまちおこしに参戦しようと考えたのでしょう。今治市は1999年以降、毎年8月10日を少し無理があるゴロ合わせで「やきとりの日」と定め、今治がやきとりの町であることを、自治体として盛んにPRし続けています。

自治体が先行した「やきとり日本一宣言」に、一人の市民が動きだしました。2003年に『やきとり天国』（メイドインしまなみ事務局）を刊行した土井中照《どいなかあきら》さんです。ちなみに「土井中」は「今治は、ド田舎」を自虐したペンネームです。土井中さんは連日のように自費で、やきとり店をめぐり、同書刊行の頃には体重が100キロ近くまで太ったそうです。同書が今治市内だけで約4000冊も売れた要因は、同じ市民の本音と熱意が綴られていること、やきとりを愛する今治市民の多さにあると思います。

2010年11月、私は今治市で講演しました。講演後、土井中さんを含む講演参加者数名と、やきとり店へ行き、今治市がB級グルメ2つを使い分ける戦略や、やきとりと焼豚玉子飯それぞれの歴史に関する話を聞きました。非常に興味深い話で、それ以降の追加取材を含めた考察を以下にお話しします。

†やきとり店数日本一はイノベーションと起業の成果

今治市が人口あたりの「やきとり店数が日本一」になったルーツは、扉写真にある焼き鳥店「五味鳥」さんが昭和36年に、やきとりを従来の調理法である炭焼や直焼ではなく、鉄板で焼く創作料理（イノベーション）にあります。炭焼や直焼に比べ、鉄板は焼く時間が短くて済むため、顧客への提供時間を短縮化することが当初の狙いでした。短気な人が多いと言われる今治市民に、これは受けました。しかも、味はジューシーで美味しく、五味鳥は連日、行列が絶えなかったそうです。

五味鳥の人気に刺激された短気で決断も早い今治市民は、続々と鉄板やきとり店を起業しました。やきとり店は設備投資が少なくて済み、特別な技術がいらないため、素人でも起業しやすいという話は、今では有名ですが、この話は今治の起業ブームから生まれています。

今治は昭和初期から養鶏業が盛んで、食材の安定調達が可能な点からも、やきとり店の起業を後押ししました。昭和30年に3万羽だった今治の鶏飼育数は、昭和45年には16万羽に達しています。地元市民が起業して、地元食材を活用する今治のやきとり店は、まさに「地域経済循環率の高い」まちおこしの好例と言えます。

今治が人口あたりの「やきとり店数が日本一」という統計データは、市民のイノベーションと起業の成果、つまり「努力の結果」の数字です。市民は、同じ市民による「努力の過程と結果」を誇りに感じて、やきとり店へ足を運ぶ機会がますます増えていきます。その結果、やきとりで起業した者も養鶏業者も成功できて、市民にとっては、やきとり店が

「地域コミュニティの場」となり、地域全体に効果が波及しています。

†やきとり店は夜の顔だから、昼はシャッター商店街

やきとりで地域全体が豊かになった今治市ですが、長年にわたり深刻な課題に直面していました。やきとり店は夕方に店を開くので、商店街はやきとり店が多いが故に、昼はシャッター商店街になってしまうのです。今治市は昼の賑わいづくりに、他都市と同じような取組を重ねますが、他都市と同様に成果が出ない状況が続きました。

今治市が昼の賑わいづくりに相変わらず悩み続ける2007年6月、B-1グランプリ第2回大会は前年1・7万人だった来場者が一気に25万人へ増加、B-1グランプリ・ブームが幕を開けました。食品メーカーやコンビニなど流通大手企業は競うように、B-1グランプリで入賞した料理の商品化と、今は地方で埋もれているが後にB-1グランプリで勝てそうなB級グルメの「青田買い」に走り始めました。

コンビニ大手のファミリーマートが2007年9月に商品化した「豚肉玉子めし」は、青田買いの好例です。ファミリーマートが2008年8月8日に発表したプレスリリースを見ると、豚肉玉子めしが大ヒットしたので新たに「豚肉玉子おむすび」と「豚肉玉子バ

ーガー」を商品化したと記されています。実は、豚肉玉子めしは今治第二のB級グルメ「焼豚玉子飯」を商品化したものなのです。

当時、焼豚玉子飯は地元の今治でまだ数店しか販売していないから、地元市民の認知度も高くありません。それをB-1グランプリ・ブームが幕を開けてまだ3ヵ月後の2007年9月に商品化できるコンビニ大手の情報収集力とビジネス遂行スピードは本当に凄いと感心します。

地元で埋もれていた焼豚玉子飯という地域資源を、ファミリーマートに発掘かつ宣伝してもらう幸運に恵まれた今治市は、B-1グランプリに町の看板料理である「やきとり」ではなく、焼豚玉子飯で出場する準備を始めます。ファミリーマートの商品化から4年後の2011年、B-1グランプリに初出場ながら5位に入賞、2012年は3位に上がりました。その結果、今治市は全国的に「焼豚玉子飯の町」と認知され、昼間に焼豚玉子飯を食べにくる観光客が急増しました。

†B-1グランプリの罠

私は、よく「地元で埋もれている地域資源を発掘・活用して地域再生を実現しよう」と提案します。焼豚玉子飯という埋もれた地域資源を発掘・活用して観光客を呼び込んだ今治市は、結果だけを見ると、絵に描いたような成功事例です。

しかし、言葉が悪くて今治の人には申し訳ないのですが、観光客を呼び込んだ功績は今治市でなく、ファミリーマートの商品化とB-1グランプリでの入賞にあります。今治市が長年の悲願だった昼の賑わいづくりを実現したのは「努力の結果」ではなく「棚から牡《ぼ》丹餅《たもち》的な幸運」によるものです。

今治市が誇る2つのB級グルメは、結果だけを見ると同じような成功ですが、過程は全く違います。やきとりの成功は、市民のイノベーションや起業という「努力の結果」です。一方、焼豚玉子飯の成功は、自らの努力ではなく、外部の功績による「棚から牡丹餅的な幸運」です。

棚から牡丹餅的な幸運の背景を掘り下げてお話ししましょう。B-1グランプリに出場したくても許可されない地域は多くあります。やっと許可をもらって出場できたけど上位入賞できないから観光客が来ない地域も少なくありません。この中には、今治市以上にB級グルメの取組を推進している地域が沢山あります。本書は、その例を既に2つ示しています。

ケース②は、日田やきそばがB-1グランプリに出場しているのに、観光客から関心を得ることができないこと。民間企業のビール工場見学の方が高く評価されていること。日田市の観光客数が減少し続けている事実を紹介しました。

ケース⑥は、高岡コロッケの取組が地元市民の感情に配慮しないために、失敗したことを考察しました。高岡コロッケ実行委員会はB-1グランプリに出場する団体許可を得た後、出場しないまま脱退する奇妙な動きを見せています。実は、B-1グランプリに出場できる団体から脱退する地域が急激に増えていて、脱退数は二桁に達しています。

一方、宇都宮餃子や大阪たこ焼きや広島お好み焼き等、市民と観光客から高い評価を得ていながら、B-1グランプリには全く関心を示さず、出場しない地域も少なくありません。

この動向は料理ごとの差でもあり、ここに「B-1グランプリの罠」があります。B-1グランプリの罠を分かりやすく整理しましょう。

①B-1グランプリは「勝てる料理、勝てない料理に顕著な傾向」がある。
②勝てる料理は、流通大手企業が商品化しやすい特性が強い。
③勝てる料理は、流通大手企業から商品開発や宣伝等の支援を得て、実際に勝つ。

†賄い料理と比較すると、B-1の特性が見える

今治が焼豚玉子飯で幸運な成功を手にしたことは「B-1グランプリの罠」の裏返しと言えます。B-1グランプリの罠を解きあかすには、幸運を呼び込んだ焼豚玉子飯の歴史と調理方法を知ると分かりやすいでしょう。

焼豚玉子飯は、今治市の中華料理店「五番閣（現在は閉店）」の賄い料理として生まれました。賄い料理とは、飲食店が従業員の食事用に、ありあわせ食材を創意工夫して「早く、安く、美味しく」作る料理のことです。若い料理人に創意工夫を求める賄い料理が飲食店内で認められて店のメニューに掲載されると、大ヒット商品になる例は少なくありません。東京の銀座にある「煉瓦亭」の賄い料理だったオムライスはその好例です。

オムライスの例を挙げると、今治市にある中華料理店「五番閣」のイノベーション（創作料理）は、東京の銀座にある煉瓦亭と肩を並べるほど素晴らしいと想像できます。ファミリーマートは恐らく、こういう見方をして、焼豚玉子飯の商品化を決断したのでしょう。

オムライスを例にすると、焼豚玉子飯が如何に早く安く料理できるかも分かると思います。焼豚玉子飯の調理は、非常に早くて簡単です。ご飯をよそい、スライスしておいた焼

豚を数枚と目玉焼き2つをのせて、甘辛いタレをかけたら完成です。調理の早さと簡単さから、焼豚玉子飯は究極のファストフードと言えます。

B-1グランプリで「勝てる料理」の要件は、ありあわせ食材を創意工夫して「早く、安く、美味しく」作る賄い料理で評価される要件と見事に一致します。つまり、両者は「地域内にある資源（店内にある食材）」の活用・開発の腕前を競う、食のイベントなのです。

ただし、評価者の視点と人数は全く違います。賄い料理は、飲食店で働く少数のプロ料理人が評価します。一方、B-1グランプリは50万人以上の消費者が投票という形で評価します。

大勢の投票で勝者を決める方法からB-1グランプリは、政党選挙に喩えることができます。勝つためには「勝てる料理の開発（勝てる候補者の擁立）」が絶対条件です。勝てる料理（候補者）には、流通大手企業（支持母体）という強力なスポンサーが付き、宣伝や資金など支援を得やすくなり「事前の戦いを有利に展開できる」のです。

その好例が、2011年に初出場で5位に入賞できた今治の焼豚玉子飯です。出場4年前からファミリーマートが商品化してくれたので、事前の認知度が非常に高かったのです。

そう、B-1グランプリも選挙も「事前の戦い、事前の認知度」が投票の勝敗を決します。50万人以上の人出で混雑するB-1グランプリ会場は、一つの料理を食べるのに1時間前後待ちの大行列となります。まるでディズニーランド並みの行列です。

消費者心理としては、1時間前後も並ぶなら、選択で失敗したくありません。何を食べるか、どのアトラクションを選ぶかは「事前の認知度・評判」を基準に、消費者の多くが事前に決めているものです。

1時間前後待ちの大行列ができるという観点から、B-1グランプリで勝つもう一つの要件を見出すことができます。早く多く料理を作って行列を緩和・解消すること、すなわち「ファストフード的な料理時間の早さ」です。

†B-1で「勝てる料理、勝てない料理」

B-1グランプリで勝てる料理の筆頭は「やきそば」です。やきそばは全7大会中、実に4回も優勝しています。やきそばが圧倒的に有利な傾向を見て、日田市等やきそばでB-1グランプリに参戦する地域が増えています。その結果、B-1グランプリ2011年大会は出場者63地域のうち12地域(全体の19%)が、やきそば店になっています。もはや

図表4 「愛Bリーグ」を脱退した10都市（料理順）

料理名	都市名	団体名
コロッケ	富山県高岡市	高岡コロッケ実行委員会
コロッケ	静岡県三島市	みしまコロッケの会
やきとり	北海道室蘭市	室蘭やきとり逸匹会
やきとり	福岡県久留米市	久留米焼きとり文化振興会
けいちゃん（鳥肉料理）	岐阜県下呂市	下呂飲食業組合
鯖バラ寿司	福井県小浜市	小浜焼き鯖研究会
カリー（カレー）	神奈川県南足柄市	足柄まさカリー金時隊
ホルモンうどん	兵庫県佐用町	佐用ホルモンうどん食わせ隊
ホルモン焼き	神奈川県厚木市	厚木シロコロ・ホルモン探検隊
もんじゃ焼き	東京都中央区月島	月島もんじゃ振興会協同組合

B-1グランプリは「やきそばグランプリ」的な様相を呈しています。なぜB-1グランプリは、やきそばが有利なのでしょうか？

やきそばと言えば、祭りや縁日などのイベントで最も売れる料理であることに注目しましょう。大勢の人が集まるイベントで求められる料理の特性は「調理に時間がかからない、老若男女に好まれる」の2点です。この2つの特性は、イベントの規模が大きくなるほど、食べる人数が増えるほど効果を発揮します。なぜなら、限られた時間内に大勢の人に食べてもらうには、調理に時間がかからない「ファストフード」な特性が最も重要だからです。

今や50万人以上が集まる国内最大級のイベントに成長したB-1グランプリで、やきそばが最も

「売れる、勝てる料理」として顕著な傾向を示すのは、B-1グランプリが「ファストフードな特性を競う大規模イベント故の必然的な結果」なのです。

一方、B-1グランプリで「勝てない料理」は、イベントで求められる2つの料理特性を逆にしたものです。すなわち「調理に時間がかかるから大量供給できない、(やきとり等オヤジ好みで)子供や女性から好かれにくい」です。

参考まで、B-1グランプリに出場できる組織である愛Bリーグを脱退した10都市を料理別に並べてみました(図表4)。各団体の脱退理由は様々ですが、料理だけを見て判断するならば、勝てない料理の特性が表れています。

やきとり日本一宣言のまち今治がB-1グランプリには、まちの看板料理やきとりでは参戦しなかった理由と戦略の一部分を、この表から推測できると思います。

✝ファストフード化を助長するB-1

マスコミが騒ぎたてるB-1グランプリとは、皮肉なことに「ファストフードが勝つイベント」なのです。前著『地域再生の罠』で、私は3つの提言を掲げました。第一の提言「食のB級グルメ化・ブランド化をスローフードに進化させる」の意図は、B-1グランプリ・ブームやファストフード店増加の影響により「ファストフード化が進む現状」を憂い、改革したいと考えてのことです。

残念ながら、この3年でファストフード化は更に進んでしまいました。そこで、本書はスローフードへの進化に繋がる具体的な問題提起をさせて頂きます。

勝てる料理「やきそば」で勝った地域の幾つかは、まちおこしに成功したと自画自賛していますが、本当に成功したのでしょうか？

B-1グランプリ第1〜2回大会を連覇した富士宮やきそばを例に「豊かになったのは誰か」を考えてみましょう。

†B-1で、豊かになったのは誰？

富士宮やきそば学会の会長で、愛Bリーグ代表も兼務する渡邉英彦氏の著書『B級ご当地グルメで500億円の町おこし』（朝日新聞出版、2011）20頁に、富士宮やきそばの経済波及効果が9年間累計439億円で、その内訳が掲載されています。しかし、内容は疑問点だらけです。

効果金額が2番目に高い項目「即席麺、調理麺」の63億円（実売額）は、全体の約14％

に相当します。愛Bリーグが B級グルメを、わざわざ「B級ご当地グルメ」と定義する理由は、ご当地で食べてもらうことへのこだわりであり、それが来訪者を増やして町おこしになるというものです。即席麺（カップやきそば）を売れば売るほど、ご当地への来訪者は減るはずです。おそらく、このリスクを覚悟してでも「流通大手企業と共同の商品化」には、流通大手企業から商品開発や監修料などを含む資金等の支援というメリットがあるのでしょう。

写真12　東洋水産（株）の即席麺「富士宮やきそば」は、同社の商標「マルちゃん」が埋もれるほど「富士宮やきそば学会の監修」であることを強調している

効果金額が突出して高い項目は「観光客、ツアー客」の２４０億円で、全体の約55％に相当します。観光客は全員が日帰りで３５３万人、一人平均消費額は約６８００円です。９年間の観光客数を平均すると、年間観光客数は約38万人になります。豊後高田レトロ商店街より少しだけ多い程度です。

私が最も疑問に思うのが、日帰り観光客の一人平均消費額約6800円です。別途「土産など」という項目があること、以下のように観光客の滞在時間があまりにも短いことから、額が多すぎると思います。

富士宮市を視察して、いつも目にする光景は、やきそばを食べるためだけに来訪した観光客の姿です。この実態は、地元市民の目にも同じように映り、市民の多くが不満を感じています。以下に、私のブログ「久繁哲之介の地域力向上塾」2010年9月17日付の記事へ富士宮市民から頂いたコメントを紹介します。

『地域再生の罠』一読して、共感できるところ多々ございました。私は、B級グルメの聖地といわれ、マスコミ等にも大きく取り上げられている富士宮市に住んでおりますが、「富士宮やきそば」だけでは「地域再生」には至っておりません。観光バスでやってきて、30分ほどでやきそばを食べて去っていく市外県外からのお客さんを見ていると、「何かが足りない」と思って日々過ごしております。何かアドバイスあればお願いいたします。

（傍線強調は筆者）

†戦略とは「勝てない土俵では戦わない＝勝てる土俵を探すか創る」

戦略は「勝てない土俵では戦わない＝勝てる土俵を探すか創る」のが鉄則です。勝てる土俵が現在ないなら、勝てる土俵を探すか、自分に有利な土俵を新たに創れば良いのです。ここで、食のまちおこしを推進・計画している地域に提案です。『B級ご当地グルメで500億円の町おこし』237頁に次の記述があります。

> 愛Bリーグの加盟団体は75団体であるが、入会希望者が後を絶たず、厳格な審査を行い、入会資格の条件を満たした団体のみが加盟できる
>
> （傍線強調は筆者）

はたして、厳格な審査をして頂く価値があるのでしょうか。私は愛Bリーグを非難する気は毛頭なく、まちおこしや商店街再生は「誰のために行うか」を問いかけたいのです。商店街を再生する過程で、補助金をもらうためには「自治体の厳格な審査を受ける」ことになります。商店主は本来、顧客の意向を考えるべきなのに、自治体の顔色や意向ばかり考えるようになってしまいます。そういう本質を見失った商店街を私は幾つも見てきま

した。同様に、愛Bリーグの意向ばかり考える本質を見失った地域を幾つも見てきました。

この経験を踏まえての提案です。B-1グランプリで「勝てる料理」を所有あるいは開発できて、流通大手企業と商品化などで連携できるならば、その料理でB-1グランプリという土俵を選ぶと良いでしょう。ただ、この選択は、観光客の滞在時間が30分ほどと短い富士宮市を模範モデルと定義できる地域に限り、お勧めできます。

「地域経済循環率、起業、地域コミュニティ」の相乗効果

一方、B-1グランプリという土俵では「勝てない料理」を活用したい地域は、地域密着という新しい土俵「B級グルメ商店街」をつくりましょう。B級グルメ商店街をつくるには、本章の冒頭で示した「地域経済循環率、起業、地域コミュニティ」の3つを連携して高める取組が有効です。こちらの模範モデルは、宇都宮餃子や今治やきとりです。

どの地域も、様々な地域資源を有しています。しかし、各地域資源を連携できない地域が非常に目立ちます。なかには、各地域資源の関係者が利権を保持しようとして、各地域資源が「競合、共食い」状態にある地域も少なくありません。

この観点から私は、今治モデルを高く評価しています。評価基準を分かりやすく整理し

ましょう。

① 3つの取組「地域経済循環率、起業、地域コミュニティ」が連携し、好循環を生む。

② 2つの料理ごとに「勝てない土俵では戦わない＝勝てる土俵を探すか創る」戦略が明確で、客層や時間帯という集客要素が「連携・補完」関係にある。

やきとり店は、B-1グランプリがブームになる以前から「夜、地元市民にとって、地域コミュニティの場」になっていました。したがって、B-1グランプリにコストをかけてまで出場する意義はありません。やきとりはB-1グランプリで「勝てない料理」でもありました。

逆に、焼豚玉子飯は地域で埋もれていたし、B-1グランプリで「勝てる料理」なので、B-1グランプリへ出場しました。その結果、焼豚玉子飯を出す飲食店は「昼、観光客を集客する場」になり、起業により店舗数の集積が進むにつれて「地元市民にとって、地域コミュニティの場」という機能も強化されてきています。

このように、今治モデルが上手く回る基本は「地域経済循環率が高い」取組に起因しています。具体的に言うと、地元で養鶏する「鶏の肉を、やきとり」で使い、「鶏の卵は、焼豚玉子飯」で使うので、非常に効率良く地域経済循環率を高めています。

地元の食材を活かす料理で、地元の人材が起業する店だから、地元市民が集いたくなる「地域コミュニティの場」に進化するのです。

このような飲食店を「スローフード飲食店」と定義し、第7章で地域経済循環率との関係を含めて、商店街にスローフード飲食店を増やす必要性とその取組を説明します。

第４章

商店街を利用しない公務員

激安な某市役所の職員食堂。この安さが消費基準になり、商店街を利用しない公務員が更に、商店街を利用しなくなる！

†公務員は、顧客目線（市民感覚）と郷土愛が必要

ここまで、3種類の「一見の観光客を狙うテーマパーク商店街」の罠を考察しました。なぜ自治体は、商店街を「地元市民が利用したくなる地域一番店」にするのではなく「一見の観光客を狙うテーマパーク商店街」にする施策ばかり作るのでしょうか？「はじめに」で、3つの理由を示していますが、その本質は「公務員が、商店街を利用しない」ことに起因します。公務員が商店街を利用しない問題は「施策が効果を生まない弊害、モラル欠如」の2つに大別できます。

① 公務員が商店街を「利用しない、知らない」まま、机上で施策を作る弊害
② 地域再生は「公務員の使命」なのに、地元商店街を利用しないモラル欠如

①の弊害は後述しますが、ここでは②のモラル欠如を問題提起します。民間企業に勤める一般市民は、自社や系列会社の商品を自発的に購入します。これを「愛社精神」と言います。自社の業績が悪化すると、欲しくもない自社商品まで半ば強制されて購入します。自社商品の強制購入が日常化するブラック企業は論外ですが、関係者が消費者と

して売上を自発的に支えながら、同時に経営改善を進めることで、経営危機を脱する事例は少なくありません。

この仕組みは、商店街再生や地域産業再生にも活用すべきです。消費を何ら強制されない幸せな立場にある公務員にも愛社精神ならぬ「郷土愛」が必要です。

そもそも論を言えば、郷土愛に溢れる者だけが公務員という超安定した職務に就く資格を有すべきであり、地域を豊かにする事が「公務員の使命・存在意義」ではないでしょうか？

公務員が「安さ、便利さ」だけを消費の基準にして、全国チェーン店や職員食堂ばかり利用する行為は、モラルが欠如しています。公務員は全国チェーン店より「安さ、便利さ」の条件が少しくらい悪くても、地元の商店街を自発的に利用する郷土愛を発揮すべきです。

地元の商店街が衰退したら、商店街の利用頻度を高めて、商店街の売上を支えながら「顧客目線」から気がつく経営改善点を商店街に提案する役割が、公務員に期待されています。

ケース❽ 再生施策は「理論の美しさ」でなく「行動に繋げる」ことが重要
――マイカー通勤ありきで「酒は飲まない、商店街に行かない」公務員

†マイカー通勤ありきが、商店街を衰退させる

地方都市は、通勤や移動にマイカーを利用する人が多く、マイカー通勤者はお酒を飲む日、公共交通を使うことになります。しかし、地方都市での公共交通利用は、マイカーに比べると、時間も費用もかかります。したがって、街中や商店街でお酒を飲む人・機会は、マイカー通勤者の多い地方都市ほど少ない傾向が見られます。更に、飲酒運転取り締まりの強化により、街中や商店街でお酒を飲む人・機会は、格段に減少しています。これは地方都市で商店街が衰退する要因の一つです。

私は地方都市で講演する機会が多いのですが、主催者が民間と自治体では、講演後の懇親会に大きな違いが出ます。講演後の懇親会は、主催者が2〜3カ月前に講師へ参加を要請して開催されるものです。だから、招待者である主催者側は、お酒を飲む準備をして懇

親会に臨むはずですが、官と民では大きな違いが出るのです。

民間の場合、ほぼ全員の方が、お酒を飲むこと前提で懇親会に参加してくれます。懇親会の会場は必ず、商店街など街中の飲食店を使います。乾杯時に飲むドリンクは、お酒を飲めない人を除き、全員がビール等お酒です。懇親会の参加者を20人と仮定すると、乾杯時点で飲食店には約1万円（20人×500円）の売上がたち、懇親会の総売上高は10万円前後になります。二次会へ行くとなれば、商店街にある幾つかの飲食店に客が流れます。このように、懇親会が商店街で行われることで、複数の店に売上と集客が生まれます。

あたりまえすぎる話をしているようですが、後述する公務員との懇親会を何度も経験すると、地元市民の懇親会や交流会を街中や商店街に数多く誘発することが、衰退する地方都市の街中と商店街の活性化に繋がると私は考えるようになりました。換言すれば、商店街の再生は「地域コミュニティ（地元市民の交流）再生」が重要な切り口となります。

†1本100円の2Lウーロン茶を、お酌しあう公務員

公務員の懇親会は、勤務時間外の夜に開催するにもかかわらず、公務員が自分のマイカー通勤を最優先して「お酒は飲まない、会場はマイカーを駐車している役所内か近く」で

企画されます。自治体の講演は、市民文化センターなど公共施設か役所庁舎で行われるので、懇親会は同じ公共施設内の多目的ルームか、役所の職員食堂で「飲食物の持ち込みを基本に、すしやオードブルをデリバリーで補完」という形で実施されます。

こういう形で懇親会が始まると、驚くことが次から次へと起こります。まず、乾杯時です。講師の私に缶ビールを渡した後、マイカー通勤だから酒を飲むことができない公務員たちは徳用2Lのウーロン茶を、お酌しあっているのです。それを何処で買ったか聞くと、ドラッグストアで、徳用2Lウーロン茶は1本100円前後、缶ビールは1本200円以下で買ったと言います。

民間のケースと同様に、懇親会の参加者を20人と仮定して計算すると、乾杯時点での売上高は僅か500円位にすぎません。民間の懇親会に比べると、20分の1です。しかも、売上収入は地元資本の商店街ではなく、全国資本チェーン店のドラッグストアに入ります。

公務員の「せこさ、マイカー通勤という自己都合最優先主義」が、地方都市の街中と商店街を衰退させる大きな要因と考える私は懇親会の場で、公務員へ次のように問いかけました。「この懇親会は2カ月も前に、あなた方から誘った計画的で勤務時間外に行うものなのに、なぜ全員お酒を飲まないのですか？　あなた方は商店街再生を担当する公務員なのに、なぜ商店街を懇親会の会場に選ばないのですか？　せめて昼食くらいは商店街へ行っていますね？」

公務員たちは皆「私たちは忙しいから、今日もマイカーで通勤していますし、昼食も職員食堂で済ませています」と口を揃え、罪悪感も責任感も全く感じていないように見えます。

余談ですが、講演会の数日前に確認したいことがあって、この市役所へ夕方18時過ぎに電話すると、誰も出なかったのは何故でしょうか？

†「理論の美しさ」でなく「自ら行動する」ことが重要

この市役所が策定した商店街活性化計画書では「誰もが訪れたくなる○○な商店街」というスローガンを掲げています。○の部分には、歯が浮くような美しい言葉が入ります。このスローガンは「誰もが否定できない、非常に美しい理論」です。

このように、公務員が作る計画書は「誰もが否定できない、非常に美しい理論」で作文されていますが「公務員自身が理論の通りに、行動する意欲が全くない」のです。公務員が机上で作文した理論的には美しい計画書が、全く実現しない理由がここにあります。

この例で、商店街活性化が実現しない理由を整理しましょう。

①公務員が「自分は行く意欲のない商店街」を「誰もが訪れたい商店街」と言う詭弁

↓自分が利用したくないものを、市民が利用するはずがない。

②公務員が「自分は行ってない、知らない商店街」の活性化施策を立案する弊害

↓だから、成功事例の表面的な模倣しか頭に浮かばない。

章扉写真のように、役所の職員食堂は超激安です。移動時間もかからないので、非常に便利です。言わば、究極のファストフードです。この「安さ、便利さ」が公務員の身体に染みついて「ファストフード文化が消費の価値基準」になると、商店街を利用しない公務員が更に、商店街を利用しなくなることが懸念されます。

消費の価値基準として「安さ」を重視する消費者は「大型店、インターネット通販」等を愛用します。「便利さ」を重視する消費者は「コンビニ、インターネット通販」等を愛用します。

商店街の再生を実現するには、商店街が「安さ、便利さ」とは違う魅力的な価値基準を、顧客と協働しながら創出することが必要です。公務員が地域再生および商店街再生を少し

でも考えているならば、その協働に積極的に関わる当事者意識が強く求められます。
にもかかわらず、東京から招いた講師との懇親会でさえ、職員食堂で「安く、便利に」済ませる公務員の行動は「モラル欠如」と言わざるをえません。

†役所の職員食堂で、炭焼きバーベキュー

懇親会が自治体職員だけの行事であれば、自治体の多くが職員食堂で「安く、便利に」だけど盛大に楽しんでいるようです。懇親会は職員食堂でやるのが、自治体の常識になって、室内の職員食堂で炭焼きのバーベキューをやってしまう事例まで出ています。

神奈川県藤沢市役所は、2011年8月1日に約80人の市職員と市長が懇親会を行う折、職員食堂の煙感知器を故意にとり外して、いつもの職員食堂を使った懇親会よりスケールアップした壮大なバーベキュー・パーティを開催しました。煙の量が尋常でなく、職員食堂とは違うフロアの煙感知器が作動して、事情を知らずに残業していた職員たちが、煙に巻かれて大混乱したそうです。

煙感知器の故意とり外しは消防法違反なのですが、藤沢市役所はこの事件を隠蔽する措置をとりました。しかし、常識ある同市職員が事件の翌月に消防へ通知して、事件から約

5週間後に、やっと公になったのです。

2011年9月、幾つかの新聞がこの事件の顚末を報道しました。全国紙が事実だけを淡々と書く中、スポーツニッポンの記事は、事の本質を浮き彫りにしています。

スポーツニッポン記者は、藤沢市役所のバーベキュー・パーティが過去にも行われている事実を取材でつきとめ、バーベキュー・パーティを企画した藤沢市役所の経営企画課にそれを踏まえて意見を求めました。藤沢市役所から次の意見を引き出して、記事の締め括りに使い、世間に問題提起をしたのです。

「(市役所は)懇親会のあり方を見直さなければいけない。」

†公務員の昼食と懇親会は、商店街を使いなさい

藤沢市に限らず全ての自治体は職員食堂で「安く、便利に」済ませる昼食と懇親会の現状を見直すべきです。そこで私は、市役所など自治体で講演すると次の提案をします。

市役所の職員食堂を廃止して、公務員は昼食と懇親会に商店街を利用しましょう!

私がこのような提案をすると、いつも公務員はできない言い訳を幾つも並べたてます。

たとえば「昼休み時間が短いから、無理」と言い訳しますが、それなら昼休み時間を外食できる程度に延長して、終業時刻もスライドすれば良い。そもそも論として、民間企業の多くは社員食堂がありません。市役所は、市民の役に立つ所という意識が必要です。そういう意識をもって、できない言い訳を最初に探して、少しでも難しい事や自分がしたくない事は絶対にしない悪癖は、もうやめましょう。

この施策のメリットは2つあります。第一に、事業費（税金）が要らないことです。第二に、商店街の実態を公務員が自ら体験すると、商店街の課題が皮膚感覚で分かることです。顧客目線で感じとった課題を商店主に伝えて、商店主と公務員が一緒に解決策（商店街活性化施策）を考えてください。成功事例を探すにしても、このステップを踏んでからにしましょう。

†公務員は、公共交通で通勤しなさい

地方都市の公務員には、もう一つ提案があります。

公務員は「ノーマイカーデー」施策を掲げるだけでなく、公共交通で通勤しましょう！

地方都市の自治体は多くが、月に3〜5日ほど「ノーマイカーデー」を制定しています。ノーマイカーデーとは、公益を実現すべき公務員が「マイカーを使ってはいけない日」のことです。ノーマイカーデーを自治体の多くが制定した背景には、商店街や市民あるいは公共交通機関から寄せられた「公務員への強い不満」があります。

たとえば、商店街は「利用者が激減し続けて困っている。公務員には責任を感じてほしい。なぜなら、公務員はマイカーで通勤して、昼食は役所内で済ませて退庁時間まで役所から一歩も出ず、退庁時間になると、さっさとマイカーで帰宅するから、商店街は賑わうはずがない」と言います。市民も「エネルギー浪費と道路渋滞の緩和のために、公務員はマイカー通勤を控えてほしい。公共交通で通勤して、少しは地元で消費してほしい」と苦言を呈します。

公共交通機関は「利用者が激減して困っている。公務員には責任を感じてほしい。なぜなら、路線廃止や便数削減に踏み切りたいと役所に申請したら、ノーマイカーデー等の施策導入で、公共交通の利用者増に役所が率先して協力すると言ったが、ノーマイカーデーは美しい理論を掲げただけで、全く実行していない」と言います。

以上の具体的な状況を、第3章で紹介した人口約18万人の富山県高岡市を例に検証しましょう。高岡市役所は、路面電車「万葉線」の志貴野《しきの》中学校前駅から徒歩2分、JR「氷見《ひみ》線」越中中川駅から徒歩5分の場所にあります。高岡市役所は、公共交通で通勤するには抜群に恵まれた立地なのに、しかも毎水曜日をノーマイカーデーに制定しているのに、市役所職員の多くは水曜日でさえマイカーで通勤しています。高岡市WEB「市への意見」を見ると、市役所職員のマイカー通勤に、市民は次のような不満を市役所へあげていることが分かります。

①「職員駐車場は広大なスペースがあり、近隣住民への公害は甚大である。」

②「ノーマイカーデーを設定しているようだが「今日はノーマイカーデーだな」と見てわかる日がない。万葉線沿線で最大の職場は市役所である。市役所職員がどれだけ利用しているのか調査や利用促進をしているのか。」

不満②の背景には、路面電車「万葉線」の廃線危機があります。前著『地域再生の罠』133頁で紹介したように、万葉線は利用者の激減が続いています。民間鉄道会社は1998年に撤退を表明しましたが、市民3万人弱が署名と約1000万円の募金を集めて「市民の力で、万葉線を存続させた」経緯があります。高岡市役所が毎水曜日をノーマイカーデーに設定した最大の理由は「万葉線沿線で最大の職場は市役所」という自覚があり、高岡市は市役所職員が公共交通を率先して利用することを「ノーマイカーデー」導入という形で表明しました。

にもかかわらず、高岡市役所は路面電車駅から徒歩2分の好立地に「広大な職員専用の駐車場を確保し、市役所職員に月額1500円の安さで駐車場を利用させている」のです。更に、ノーマイカーデー施策という「美しい理論を掲げただけで、全く実行していない（マイカー通勤を続けている）」と、市民から強い不満を突きつけられているのです。

ノーマイカーデーは「美しい理論を掲げただけで、全く実行しない公務員が机上で作文するだけの計画」の典型です。

†なぜ買物用の時間貸し駐車場が、平日は月極めに転用されたか

公務員が机上で作文するだけの計画が、実現しない事例をもう一つ紹介します。自治体は、商店街再生や中心市街地活性化を目的に、よく市民へアンケート調査を実施します。この種のアンケートは「どんな施設があれば、商店街や中心市街地を利用したくなりますか？」等の意向を「自治体が用意した選択肢の中だけから選ばせる質問」が並びます。

自動車社会が進む地方都市の場合、数年前までの回答は、駐車場が1位でした。

　アンケート結果に基づき、地方都市の多くが商店街付近に買物客用の時間貸し駐車場を大量に整備しました。ところが今、平日は利用者が少なすぎて、月極へ用途転換する駐車場が非常に増えています。

写真13　青森県弘前市にある中三百貨店前の駐車場は、休日は買物客用の時間貸し駐車場を維持しながら、平日は月極へ用途転換

　この「駐車場の二毛作化」は、2つのことを示唆しています。まず、地方都市におけるマイカー通勤ニーズの高さです。そして、アンケート調査で市民が欲しいと回答した施設を自治体が整備したのに、アンケート回答通りには利用されないことです。なぜでしょうか？

　自治体が用意した選択肢の中だけから選択させる「理想」と、市民が実際にとる「行動」は全く別ものだからです。この違いは、公務員が作る計画書が「誰もが否定できない、非常に美しい理論」で作文されているが「公務員自身が理論通りに、行動する意欲が全くない」のと同じです。

市民は、商店主が努力しないで補助金をねだり続ける姿勢に呆れていて、商店街を利用する意欲を完全に喪失しています。したがって「どんな施設があれば、商店街を利用したくなりますか？」という箱物建設を誘導する質問そのものが、ピント外れなのです。

自治体が作成する各種アンケートは、ピント外れな質問や自治体が建設したい施設を誘導する質問と選択肢ばかりで、市民は呆れながらも、一応「今ない物」を回答してくれます。自治体はこの回答を見て、よく「市民は、ない物ねだりしすぎ。そんな予算はない」と憤慨しますが、ことの本質は「市民にとって、ピントはずれな質問ばかり問いかける自治体」側に責任があるのです。

分かりやすく言えば「自治体の常識は、市民には非常識」だから、自治体がアンケートで用意する選択肢の中には、市民の意向に合うものがなく、両者のピントは外れたままなのです。その例を、先の懇親会で説明しましょう。

†自治体の常識「自治体固有の風土」は、市民の非常識

主催者が民間と自治体では、懇親会の内容に大きな違いが出ると先述しました。次の違

いは、講師との会話内容です。講師である私と参加者の交流は名刺交換から始まります。

自治体は軍隊組織なので、役職が高い50歳以上の中高年男性から順に名刺交換をします。自治体の中高年男性の多くは、名刺交換後いきなり「久繁さん、おいくつですか？」と、初対面の私に年齢を問いただすのです。

この質問が非常識であることは言うまでもありませんが、別の観点から見ても深刻な問題です。すなわち、自治体の中高年男性は「簡単な事前調査さえしない」問題です。

著書がある講師の年齢は本のプロフィールに書いてあるし、本を買わないにしてもネットで調べれば直ぐ分かります。そのような簡単な事前調査さえしないで、いきなり講師本人に年齢を聞いて平然としている自治体職員の怠惰な態度には呆れてしまいます。このような経験を何度もすると、次のような仮説が芽生えてきます。

「このような簡単な事前調査さえしない自治体の中高年男性は、どんな仕事でも事前に調査もしないで、直ぐに答えを欲しがり、答えを「前例」から探してしまう。」

懇親会の設定は先述したように、2ヵ月前には自治体から依頼があります。講演会を主催する自治体の部署は講演会前、役所内に講師の簡易プロフィールを含む式次第や懇親会の案内を通知します。この通知に、著書一覧は必ず書かれています。つまり「本を見れば、講師の年齢などプロフィールは分かりますよ」と事前に言ってくれているわけです。

私の著書3冊のうち、一番売れている『地域再生の罠』は税抜き780円の安さです。780円の投資さえ惜しむなら、立ち読みや「ググる」など無料の調査方法が幾らでもあります。「ググる」とは、グーグルなどインターネットの検索エンジンで調べることです。

要するに、講演後の懇親会で初対面の私に、いきなり年齢を問いただす自治体の中高年男性は、私へ次のように宣告しているに等しいのです。

「久繁の本は、780円の安さでも買わないし、立ち読みもしたくない。「ググる」など事前調査も面倒だから、今すぐ答え（貴方の年齢）を教えなさい！」

†なぜ自治体の中高年男性は、能力と意欲が低いのか

民間の方と自治体職員でも若い方ならば、こんな非常識な質問を、しかも初対面の相手には絶対にしません。それどころか、民間の方や若い自治体職員であれば、名の通った講師などと会う前には、必ず相手のことを「ググる」等して調べておきます。

そのような事前準備を行う常識的で熱心な人は、名刺交換後に第一声から的確な質問や

会話を発することができます。私も、そんな常識的で熱心な人との会話は楽しいし、短時間で本質的な情報交換ができます。

一方、自治体の中高年男性が、講師のことを「ググる」程度の事前準備さえなく懇親会に臨むと「久繁さん、おいくつですか？」など、本のプロフィールに書いてある表層的な会話に終始します。これでは双方に何のメリットもないし、周囲に迷惑をかけてしまいます。なぜなら、自治体は軍隊組織なので、講師と会話できる順番は役職が高い50歳以上の中高年男性から始まります。事前準備をしていて意欲もある若い自治体職員は、懇親会の時間がよほど長くない限り、講師と話すことができないのです。

若い自治体職員は「私なら、こういう事を聞きたかったのに、自治体の中高年男性は何故そんな表層的な事しか質問できないのだろう」と落胆します。質問された私も同じ気持ちです。

そのような背景もあって、若い自治体職員から自主研究会に招かれることがあります。その場で、よく若い自治体職員から次の愚痴を聞きます。

「自治体の中高年男性は、能力と意欲が低すぎて、私たち若手はモチベーション下がりまくってます。」

自治体の中高年男性は、なぜ「能力と意欲が低い」のでしょうか？

若い自治体職員は、次2つの説を口にします。
① 30年くらい昔は、簡単に公務員になれたから元々、能力と意欲が低い。
② 自治体に30年もいると「自治体固有の風土」に染まり、常識と市民感覚を失う。

†モチベーションは自分で高める

私は後者の説を支持します。ただし、モチベーションが下がる理由を自治体の中高年男性など他者に責任転嫁する思考には必ず、次のように釘を刺しています。

モチベーションを上げる力は「本人の意識、考え方」次第です。どんな事・仕事も、考え方次第で「成長への糧、楽しさ」を見出すことができます。自治体は、首長など上司が「部下が自発的にモチベーションを上げる」サポートをする義務はあります。しかし、本人に自らモチベーションを上げる意識がない場合、モチベーションは絶対に上がりません。

自治体職員のモチベーション向上には、首長など上司が「褒める、任せる」配慮が確かに必要です。しかし、モチベーションは基本的に他人から与えてもらうものではなく「自ら考えて創出」するものです。

自治体職員のモチベーションは、自分の成長を意識する事も大切ですが「市民や郷土のため、市民と地域が豊かになること」を考えれば、自然に創出できるはずです。そのために、自治体職員は「市民の活動をもっと、皮膚感覚で体感」する機会をもつべきです。

†公務員と議員の事前準備なき視察は、税金と時間の無駄

自治体の中高年男性が事前準備をしないで講演会や懇親会に臨む弊害は「公費で視察に行く」ことにも顕著に見られます。

自治体職員や議員は、よく遠方都市へ「公費で視察」に行きます。視察へ行く前に最低限「ググる」程度の事前準備は、常識的に絶対に必要です。なぜなら、事前準備なしで遠方へ「公費で視察に行くのは税金の無駄遣い」であり、現地案内人の時間と手間を奪っておきながら、双方に効果が全く生まれないからです。

しかし、驚くことに多くの自治体職員や議員は、「ググる」程度の事前準備すらしないで公費で視察に何回も行きます。そして、視察に行っては「ググれば調べられる程度の表層的な質問」をして、現地案内人から「非常識な人（能力と意欲のない人）」と呆れられて

いるのです。

自治体職員や議員が大挙して公費で訪れる無駄な視察が殺到するようになった地域は、視察内容を「有料パッケージング」し始めます。料金は後述する徳島県上勝町のように、参加者一人あたり1000円が相場のようです。視察受け入れの金額は、けして高くはありません。高くはない価格に設定する理由は、利益目的でなく、無意味な視察を減らすことに目的があるからです。視察を容易にパッケージング（均一化）できる理由は、事前準備しない「視察者の質問や視点が表層的で均一化」しているからです。

注意すべきは、講演も視察も、講師や視察先が参加者から一方的に評価を受けるわけではないことです。参加者である自治体職員や議員も、講師や視察先から評価されている意識をもたないと「あそこの視察団は酷かった」と言われかねません。

公務員や議員の公費視察で効果が出たという話は聞いたことがありませんが、なぜでしょうか？

身銭を切って学んでいないからです。

民間企業に勤める一般市民にとって、身銭を切って学ぶことは常識であり、生き残るために必要不可欠な投資です。書籍購入やセミナー参加など情報収集に毎月、数万円を投資している一般市民は珍しくありません。私も、身銭を切って学び続ける一般市民に触発されて、書籍購入と視察に、それぞれ毎月、数万円を投資しています。

一方、公務員と議員は「情報はタダ、仕事の情報収集は公費＝税金を使って当然」という一般市民とはピントが外れた奇妙な常識をもっています。

身銭を切って学ぶことは、民間企業に勤める「一般市民にとっては常識だが、公務員や議員にとっては非常識」なのです。

†公務員と議員は、身銭を切って「顧客目線、市民感覚」を感じとれ！

自分のお金という意識が欠落した公務員の事業や取組は、様々な投資や建設で必ず失敗しています。自治体がリゾート施設や箱物施設を造り、運営は別に委託するか「自治体が出資して運営会社を作る第3セクター・ビジネス」はその典型です。

第3セクター・ビジネスが失敗した最大の要因は、投資の大きさが身の丈を超えた事にあると指摘されています。この指摘は間違ってはいないのですが、重要な視点が欠落しています。真の失敗理由は、企画者の公務員や議員が身銭を切っていないからです。

逆言すれば、税金を無駄遣いする公務員と議員の視察は全て、身銭を切ることで「税金を使う（徴収する）重みが皮膚感覚として理解できる」でしょう。

税金を無駄遣いする公務員と議員が「身銭を切る視察」の意義を「葉っぱビジネス」で徳島県上勝町を豊かにした横石知二さんの身銭を切る話で検証しましょう。

横石知二さんは徳島県庁の専門職である農業改良普及員を目指して、徳島県農業大学校へ進みます。しかし、卒業する1979年に徳島県庁の農業改良普及員採用はゼロで、横石さんは上勝町農協の営農指導員になりました。

1986年10月、横石さんは大阪の寿司屋で斜め前のテーブルに座る若い女性客が、寿司についているモミジの葉っぱをつまみあげて「これ、かわいー」と言う行動を観察して、葉っぱビジネスのヒントを得ます。このように、顧客の行動を観察して、新たな仮説・成功へのヒントを得る手法を「行動観察（エスノグラフィ）」と言います。

成功事例として、あまりにも有名な「葉っぱビジネス＝彩《いろどり》」は、実は横石さんの「エスノグラフィ」から生まれたのです。エスノグラフィは次節で紹介しますが、ここでは横石さんがエスノグラフィから得た成功へのヒントを「身銭を切る勉強」で発展させたことを説明します。

横石さんの勉強は全て「身銭を切る」もので、その姿勢に彼の著書『そうだ、葉っぱを売ろう！』（ソフトバンククリエイティブ、２００７）を読めば誰もが脱帽するでしょう。以下に触り部分を同書69頁より引用します。

「彩」の販売を開始した昭和62年（１９８７年）から63年（１９８８年）にかけては、つまものの勉強で、料亭へ行けるときは連日のように行っていた。日を空けずに詰めて行くことで、勉強の度合いも深まったからだ。また行く店によって、つまものの種類や使い方が違うことも、大変勉強になった。

しかし、料亭通いの費用は自腹で出していたので、手取り15万円ぐらいの給料はすべてつぎこみ、家には１円も入れていなかった。（傍線強調は筆者）

身銭を切る程度や学習効率性は置くとして、注目すべきは横石さんに教える人達（料亭）、教わる人達（地元の農家）の「視点」です。

彼らは「横石さんの身銭を切る姿」に心を動かされたから、親身になって協力してくれたはずです。具体的に言えば、料亭の人は公開できない重要なノウハウを「身銭を切って、顧客として連日のように通いつめる横石さんだから」教えたくなったのでしょう。農家の人は「身銭を切る横石さんの言うことだから」無理を聞いてあげたくなったのでしょう。

†エスノグラフィで、新たな仮説を得る

エスノグラフィは「エスノ（ethno）、グラフィ（graphy）」の合成語で、直訳すれば「民族観察記述」です。多民族が存在する欧米の調査やマーケティングは、民族ごとの違いを無視できない背景から、アンケートよりもエスノグラフィが重視されています。

エスノグラフィが重視される欧米の動向が、なぜか日本ではあまり紹介されず、自治体などの調査は未だアンケート一辺倒です。その弊害の例として、さきほど「アンケート調査で市民が欲しいと回答した施設を整備したのに、利用されない」実態を指摘しました。アンケート調査結果が当てにならない理由と弊害は、エスノグラフィ調査と比較考察すると、よく分かります。

エスノグラフィ調査は、調査者が先入観を全て排除して、顧客の行動を観察して「仮説やヒントを新たに発見」するものです。視点が「顧客」側にあることに注目しましょう。

一方、アンケート調査は、調査者が「既に仮説や業務目標を所有」していて、仮説や目標の正しさを検証するものです。視点は「顧客」ではなく、自治体など「調査者」側にあ

ります。したがって、アンケート調査結果の質は「調査者が既にもっている仮説や目標の質」で全てが決まります。つまり、調査者が掲げる目標が正しくない場合、調査者が目標を遂行したくて答えを恣意的に誘導する場合、アンケート調査の結果データは「信用性が低い、むしろ作為的で間違っている」と判断すべきです。

自治体が行う商店街関連のアンケート調査は、ほとんどが「信用性が低い」のが実情です。なぜなら、視点が「顧客」ではなく「調査者＝自治体」側にあるからです。このような観点から、本書は「顧客目線」を重要な視点・キーワードと位置づけています。

エスノグラフィの方法は、拙著『コミュニティが顧客を連れてくる』（商業界、2012）の105頁から120頁で詳解しています。

†横石さんを真似るべきは誰？

上勝町は公式WEB右上に「視察されたい方は、こちらから」というコーナーを設けています。身銭を切らない公費視察の場合、お金の心配は全く要らないので、ここをクリックして、必要事項を記入するだけで視察行程が設計される便利さが評判となっている上勝町は、今や公費視察のメッカとなっています。

上勝町の山村で、料理に添える「葉っぱ」を収獲して「彩」という商品名で出荷する「葉っぱビジネス＝彩」は、繁華街で実施する商店街再生とは、ほとんど関係がありません。しかし、繁華街の商店街を担当する大都市の公務員までが上勝町へ、公費視察に出かけています。

特に、後述する私が委員を務めた千葉県庁は、委員会の場で私が「東京に隣接する繁華街の商店街を主に支援する千葉県庁職員が、公費視察で上勝町へ行きたいという思考は不適切です」と釘を刺したにもかかわらず、公費視察を敢行しました。

公費視察に行った後、千葉県庁は商店街再生の計画書に、他の自治体の計画書と横並びな表現で、次のように書いて「仕事をしたつもり」になっているのです。

「(横石さんのような) リーダーを商店街に育成することが急務である。」

横石さんのようなリーダー育成が急務とは、正気の沙汰とは思えません。家に1円も入れなかった横石さんという成功事例の真似を強要したら、普通の商店主は生活破綻してしまいます。千葉県庁など商店街再生を担当する公務員は、わざわざ公費視察で徳島県上勝町まで行って、いったい何を視てきたのでしょうか？

公費視察では、顧客目線で「事の本質を体感できない」から、他の自治体と同じ文言をそっくり真似するしか術がないのでしょう。横並び模倣は結果的に、横石さんと同じレベルで身銭を切ることを「自分たち公務員にではなく、商店主に要求」しているのです。公務員が「顧客目線、市民感覚」をもつためには、身銭を切ることと、役所仕事を「見える化（公開）」することが絶対に必要です。

ケース❾ 役所仕事は、公開すると、市民感覚に変わる
——実録「千葉県商店街あり方検討会」委員会

†委員会の鍵は、見える化と人選

役所は、あらゆる業務で専門家の意見を聞く委員会を設置します。商店街支援策を立案する場合も例外ではなく、私は幾つかの役所で委員をしています。

委員会制度が効果を発揮するために、重要なポイントが2つあります。「見える化（公

開）」と、顧客目線・市民感覚をもつ者を入れる「人選」です。非公開で、御用学者だけを集めた委員会は「顧客目線、市民感覚」が欠如したまま暴走してしまい「美しい理論だけを掲げて、行動には繋がらない自治体施策」が乱造される温床になっています。

そこで、「見える化（公開）」と、顧客目線・市民感覚をもつ者を入れる「人選」を徹底して、効果を発揮した委員会の事例を紹介しましょう。千葉県庁の商工労働部経営支援課が平成24年度に設置した「商店街あり方検討会」です。

千葉県を事例として、本書で公開する理由は、次の2点です。

① 千葉県は情報公開条例により、委員会を事前告示した上で、公開するから。
② 商店街再生を担当する自治体の中で、千葉県が最も意欲と能力が高いから。

この2点、実は密接な関係にあります。役所仕事が委員会という形で「見える化（公開）」されると、理論を掲げるだけでは済まず、行動を迫られます。行動は「顧客目線、市民感覚」に合致していることも要求されます。公務員は、そのような行動を試行錯誤しながら実践することで、顧客目線・市民感覚が身につき、意欲と能力が高まるのです。

†「自治体は、もっと顧客目線をもて！」が新聞の見出しになる理由

千葉県の商店街あり方検討会は、事前告示を見た市民やマスメディア記者が傍聴する中、2012年6月6日に初回会議を迎えました。翌日、地元新聞の千葉日報に、次の記事が掲載されました。

見出し　「もっと顧客目線を」　商店街あり方検討会が初会合　活性化へ県に意見

本文　（前略）事務局の県経営支援課が、空き店舗率の上昇傾向が続いていることや商店会数の減少、売上の低迷など、商店街が直面するさまざまな課題を説明。「県や市町村、商工会議所が連携し支援を進めているが、必ずしも活性化に結びついていない」と窮状を訴えた。（中略）委員からは、これまでの県の施策や今後県が実施予定の調査手法について「支援する側とされる側にばかり目が向き、『顧客目線』が足りない」との厳しい意見が出たほか、「消費者向けの調査は、アンケートだけで本来のニーズをつかむことは困難。直接ヒアリングして、多様な意見をすくい上げることも必要では」との提案もあった。（後略）

（傍線強調は筆者の発言一部）

千葉県商店街あり方検討会を報道する新聞記事のキーワードは、見出しと本文の両方で使われる「顧客目線」です。千葉県庁が他の自治体と横ならびで同じ調査を進めようとする役所仕事に対して、私は確かに「顧客目線が足りない」と意見しました。しかし、私の意見が「厳しい」と報道されたことに最初は違和感を覚えました。

なぜなら、私の意見を「厳しい」と感じる者は、顧客のことなんか考えてもいなかった「販売者な目線」のもち主であり、顧客目線を少しでももつ者は私の意見を「当たり前」と感じるはずと解釈したからです。

しかし、後述する千葉県庁職員の行動を見ていると、この記事の意図は「自治体（千葉県庁）は、もっと顧客目線をもて！」と厳しい指摘をすることにあったようです。

この意図は、委員会の状況を掘り下げて説明すると分かりやすいでしょう。

†支援する側と支援される側にだけ意見を聞くから、成果が出ない

委員会は新聞記事に書かれているように、千葉県庁が「県・市町村・商工会議所の三者が連携して、商店街を支援しているが、活性化に結びついていない」と窮状を訴えること

から始まりました。その解決策を探る調査として、千葉県庁は「支援する側（市町村・商工会議所）と、支援される側（商店街）に対して、もっと深い調査をする予定。成功事例の視察は4都市を予定」と説明しました。

ここまでは、他の自治体が開催する商店街再生を目的とした委員会と同じ手口です。まず、商店街は売上が減少し続ける可哀想な存在であり、救済施策が必要であると訴えます。その施策立案の調査は、支援する側（県・市町村・商工会議所）と支援される側（商店街）だけの意見を聞く簡単な調査と、成功事例の表面だけを視察したいと委員会に諮ります。ここで、委員の誰かが「顧客目線から厳しい意見」を言わないと、前例のある施策メニューから、実施が簡単で、補助金を最大限に使えそうな「顧客目線が欠如した施策」を選ぶ無駄が繰り返されてしまいます。

そこで、私は次のような主旨の意見を伝えました。

商店街支援策がうまくいかない根本的な3つの問題を、まず認識しましょう。

①支援する側と支援される側の意見だけを聞いて、市民（顧客）の意見を聞いていない。

②市民の意見は、役所が実施したい施策を誘導するアンケートでは把握できない。

③ 視察は、目的と視点を明確にしてから、自腹を切って行かないと効果は出ない。

この問題を反省もしないで、今年も3つの悪しき前例を繰り返しても無駄です。解決策の論点を2つに分けましょう。まず、視察の話です。公費視察で行きたいと提案する4都市は、上勝町を始め山村地域ばかりで、東京に隣接する千葉県の事例選定としては不適切です。どうしても行きたいなら、公費ではなく「身銭を切る」べきです。

次に、意見を「誰から、どのように」聞くかです。支援する側と支援される側だけの意見交換に、連携という美しい言葉を使ってはいけません。意見を聞くべき相手は、顧客です。聞く方法は、アンケートではなく、顧客から直接聞きましょう。とにかく、商店街が衰退し続ける最大の要因は、顧客目線の欠如という認識をもつことから始めましょう。

†婦人部と青年部を下部組織化する弊害

支援者側に顧客目線が欠如する、もう一つの理由をお話ししましょう。支援者である商工会議所の「組織体制と、青年部の年齢上限」が、顧客志向になっていないからです。

商工会議所の組織体制は、婦人部と青年部が本部とは分断されて下部組織扱いになっていて、重要事項の決定権限は全て本部組織の中高年男性が独占しているのです。

また、青年部の年齢上限が40〜50歳と高いことが、この問題を深刻化させています。年齢上限は商工会議所ごとに異なるので平均をとって45歳と仮定しましょう。下部組織である青年部から上がってくる「若者（青年）の提案とは、実は40歳代半ばという若くはない方々の意見」なのです。しかも、青年部や婦人部が重要と位置づける提案は、たいてい中高年男性で構成される本部に却下されます。

商店街振興組合の多くも、商工会議所型の組織体制を敷いています。婦人部に該当するのが「おかみさんの会」で、青年部に該当するのは「若旦那の会」です。やはり、本部とは分断されて主従関係な組織扱いになっていて、重要事項の決定権限は全て本部組織の中高年男性が独占しています。

商工会議所や商店街振興組合という「客商売」をしている組織が最優先に考えるべきは、中高年男性と、女性や若者とでは「どちらが顧客目線な視点をもっているか、実際の顧客層はどちらが多いか」です。答えは言うまでもなく後者ですが、にもかかわらず、女性と45歳以下の男性を組織から切り離して、更には主従関係な体制を敷く商工会議所と商店街振興組合の活動は、顧客目線からドンドン遠ざかる一方です。

†顧客は、箱物建設やイベントなんか期待していない

地元新聞から「もっと顧客目線をもて！」と厳しく指摘された以上、千葉県庁は顧客目線をもつ行動をとる必要に迫られました。

顧客目線をもてと意見した張本人である私に「顧客インタビューをしたいので、コーディネートと司会をお願いしたい」と千葉県庁から連絡が来ました。顧客インタビューは、千葉県君津市に住む女性9名と男性1名に集まって頂き、私の司会進行で実施しました。同席した千葉県庁3名の公務員は、多くの衝撃と知見を得たはずです。特に、自治体の従来施策の柱である「箱物建設とイベントに、顧客は無関心」である事実を突き付けられたことは、大きな衝撃だったと思います。

私は様々な地域で、顧客インタビューを実施していますが、顧客の関心事や不満は「商店主の運営と接客」に集中します。つまり、商店街再生施策は、箱物建設やイベントではなく「商店主の運営と接客」で、ほとんどの顧客ニーズに対応できるのです。

以下に、私の顧客インタビュー経験から明らかになった普遍的な顧客ニーズと、商店街がリピート客をつくる方法の一部を公開します。この「リピート客をつくる5つの方法」

は、店にリピート客をつくる効果に加えて、この方法に感動した顧客がクチコミで店の宣伝をしてくれる効果も期待できます。

†リピート客をつくる5つの方法

接客で対応すべき事項2つと、店の運営で対応すべき事項3つを「顧客の不満↓顧客ニーズ↓リピート客をつくる方法例」という流れで次のページに図示します。

図表５　リピート客をつくる５つの方法

・リピート客をつくる「接客」で対応すべき事項

顧客の不満	店へ何回行っても、大勢の中の無名な一人と扱われる。
顧客ニーズ	「常連客（できれば、たった一人の私）」として接客されたい。
リピート客をつくる方法例	いつも、ご来店ありがとうの気持ちが伝わる「言葉と表情」を示す。

顧客の不満	商品の価値は値段しか書かれていない。 売りたい下心しか伝わってこない。
顧客ニーズ	商品価値を、顧客ごとの立場・生活シーンに即して伝えてほしい。
リピート客をつくる方法例	顧客情報（購入履歴、会話履歴）を踏まえて、顧客ごとに商品価値説明や利用方法提案を示す。更に、顧客情報を踏まえた仕入・生産を行い、メールや電話で「あなたに相応しい商品が入りましたよ」と連絡すると尚よい。

・リピート客をつくる「店の運営」で対応すべき事項

顧客の不満	店に入りにくい（入店して欲しいものがなかった場合、何も買わずに店を出にくい）。
顧客ニーズ	気軽に入店したい（必ず、何かを買う訳ではない）。
リピート客をつくる方法例	「試着や試食をして、気にいったら買ってください」という主旨の情報発信を行う（例：写真10、75頁）。

顧客の不満	少量・一品では買いにくい。
顧客ニーズ	少量・一つでも気兼ねなく買いたい。
リピート客をつくる方法例	少量・一つでも喜んで売りますという情報発信を行う（例：写真14、171頁）。

顧客の不満	惣菜など揚げ物・焼き物の出来上がり時間が分からない。
顧客ニーズ	出来たての美味しい状態で食べたい。
リピート客をつくる方法例	出来上がり時間を店前掲示や店員の声かけ等で伝える（例：写真3、28頁）。

第５章

意欲が低い商店主

パチンコ店とカラオケ店に席巻された鹿児島市天文館G3街区

†商店街問題は、意欲が低い商店主を3つに分けて考える

商店街から講演会を依頼されると私は時間のある限り、事前に顧客インタビューを実施します。その意図は、第4章末の「リピート客をつくる5つの方法」で示したように「あなたの顧客は、こういう不満を抱いていて、それはこんな普遍的な顧客ニーズであり、こういう方法で解決できます」と具体的に話すと、意欲の低い商店主でも真剣に耳を傾けてくれるからです。

しかし、真剣に耳を傾けてはくれても「そんな面倒なこと、できないよ」と言う商店主が多く、本章はこのように意欲が低い商店主たちの実態を考察します。商店主の実態と商店街問題を考えるには、商店主を3つのパターンに大別する視点が重要です。

パターン1　事業用宅地に住み、そこで商いを続けている「商店主」
パターン2　商いを放棄して、事業用宅地を賃貸店舗に建て替える投資を行い、店舗を貸すだけの「不動産オーナー」
パターン3　商いを放棄したが、節税を主目的に事業用宅地の形状は残して、店のシャ

ッターを閉じてしまう「シャッター商店主」

パターン1の「商店主」は、第1章で説明したように、意欲はあったけど補助金づけで意欲を喪失していきます。この場合、自分で商いを営んでいる点、講演会などで意欲を喚起できる点を考慮すると、商店街再生の可能性はおおいにあります。ケース⑩はパターン1の「商店主」について考察します。

一方、「不動産オーナー」と「シャッター商店主」は、店舗など豊かな資産（ストック）を世襲した「ストック・リッチ」が多く、生活に困っていないが故に、商いを放棄する側面があります。彼らの意欲の低さは、パターン1の商店主とは異なり、まちの姿を変える形で現れます。

不動産オーナーが私益だけを追求して、店舗を全国チェーン店など高い家賃を取れる店にしか貸さないと、どの商店街も同じような顔となり、まちの個性・文化を失います。更に、商店街の店舗がパチンコ店等に席巻されたり、シャッター商店街を適切に管理しないと「まちは滅びる」こともあります。ケース⑪は、パターン2と3の「不動産オーナー、シャッター商店主」を考察します。

ケース⑩ 意欲が低い商店主も救済する護送船団方式支援はやめよう
――実録「顧客インタビュー、商店主対象の講演会」

†商店主の想像以上に、顧客は繫がっている

顧客インタビューを全国各地でしていると、商店主たちの「笑うに笑えない珍プレー」に遭遇することがあります。

ある地方都市で商店街活性化を支援していた私は、商店街に近い学校の女子学生を集めて、顧客インタビューを実施しました。彼女たちの話は示唆に富む指摘が多く、特に次の話は「商店主（特に中高年男性）の想像以上に、顧客（特に女性）は繫がっている」という重要な視点を見出すことができます。

「商店街のある店で買物したら「サンキューレターとかバーゲン情報を送りたいから住所を教えてほしい」と言われました。店主のオジサンは愛想が悪いのに、サンキューレタ

ー？　と不審に感じましたが、寮なら安全と思い、住所を教えました。郵送されたサンキューレターを寮の友達に見せると、同じ商店街の他店も全く同じ文面のサンキューレターを送っている事が分かりました。」

「これ、まるで出会い系サイトで複数女性に同じ文面のコピペ・メールを送りつける最低な男と同じじよ。こういう男（商店主）は絶対に、誰からも相手にされなくなるよね！」

†成功事例の猿真似は、まるで出会い系サイトのコピペ・メール

顧客インタビュー後に商店主から事情を聞くと、この商店街は自治体から補助金をもらって開催した勉強会を機に、サンキューレターの取組を始めたそうです。

サンキューレターとは「自分の店に来店してくれたこと、消費してくれたことに感謝の気持ちを顧客に伝える手紙」のことです。サンキューレターの本質を考えると、顧客特性や顧客が購入した商品や金額に応じて、サンキューレターの文面は使い分ける必要があります。顧客ごとに顧客のことを想像して違う文面を書くことで、高い効果が期待できるからです。

もし、これを商店主が面倒だと言うなら、老若男女で分けて4通りの文面を使い分ける

方法でも効果はあるでしょう。

もし、これも商店主が面倒と言うなら、商店主の想いを込めた店独自の1通を作れば効果は出るかもしれません。商店主の口癖「そんな面倒なこと、できないよ」に譲歩できるのは絶対に、ここまでです。

この商店街は、店ごとに1通の文面を作ることさえ面倒に感じる商店主ばかりで、あろうことか全ての店が同じ文面の1通を使いまわしていたのです。しかも、文面は講師を務めたコンサルタントが勉強会のサンプルとして利用した他都市の「成功事例」の文章を、ほぼそのまま模倣しています。

成功事例の表面的な模倣をするから、顧客の女子学生から「まるで出会い系サイトで複数女性に同じ文面のコピペ・メールを送りつける最低な男と同じ」だと嫌われるのです。

この「笑うに笑えない珍プレー」と同じような取組が今も尚、全国の商店街再生あるいは街中活性化で行われています。共通点は、自分の顧客を想像して感謝や思いやりを伝える気持ちや顧客目線が欠落したまま「よその成功事例の表面だけを模倣」していることです。

コピペとはコピー&ペーストの略で「元ネタをコピーして、そのまま貼りつける」という意味です。商店街再生あるいは街中活性化で行われる「よその成功事例の猿真似」は、まさに「コピペ」そのものです。

商店街再生あるいは街中活性化の担当者は、自分たちの取組が顧客から「最低なコピペ男と同じ」と言われていないか一度、顧客目線から見直すことをお勧めします。

その際、留意すべきは「商店主（特に中高年男性）の想像以上に、顧客（特に女性）は繫がっている」ことです。この商店街のように、常識はずれな顧客サービスをしようものなら、悪い噂は直ぐクチコミで地域内に広まり、別の顧客まで失ってしまいます。逆に、ある顧客の不満を解決する素晴らしい顧客サービスを始めれば、良い噂が直ぐクチコミで地域内に広まり、新たな顧客を増やすことができます。その仕掛けを以下の事例で説明しましょう。

†単身者と高齢者を標準顧客と考える

商店街で講演すると、よく商店主たちから「面倒なことはしたくないから、簡単で直ぐ効果が出る取組と、その成功事例を教えてほしい」と要求されます。ある商店街における講演会でも、やはり同じ要求を受けたので、第4章の最後に紹介した「リピート客をつくる5つの方法」のうち「少量・一つでも喜んで売ります」という情報発信を次のように提案してみました。

「皆さんも御存知のように今、単身世帯と高齢者が急増しています。２０１０年の国勢調査で、総世帯に占める単身世帯の割合は32％で、かつて標準世帯と言われた「両親＋子供」を抜いて初めて1位になりました。これからの店舗経営は「単身者と高齢者を、標準と考えた」変革が絶対に必要です。

そこで注目すべきは、単身者と高齢者の最も高い買物ニーズ「少量・一つなら、買いたい」です。私は、よく商店街での講演会に先立ち、顧客インタビューを実施します。今回も、皆さんの店を利用している10名を集めてインタビューを実施したところ、ほとんどの方が「少量・一つなら、買いたい物・時がある。でも、商店主にその気はなさそうで、とても買えない」という不満を聞いています。そこで、皆さんに「少量・一つでも喜んで売ります」という情報発信を行うことを提案します。

成功事例を紹介しましょう。東京都内の某中堅スーパーは、次のＰＯＰ（写真14）を掲げて「少量・一つなら、買いたい」顧客ごとのニーズに応えて、成長しています。商店主の皆さんがすべき取組は、このＰＯＰを模倣して作り、ＰＯＰに書いてある通りに接客するだけです。

この接客は、二段階で効果を発揮する素晴らしい取組です。まず、皆さんのお客様が抱いている不満を解決してあげるサービスなので、顧客は満足します。満足してくれた顧客は、その喜びを知人に伝えてくれます。つまり、この取組は「無料でできる宣伝、集客施策」としても効果が非常に高いのです。だから、効果は直ぐ出るし、時間が経ってから新しい顧客が来店してくれる効果も期待できます。

「商店主（特に中高年男性）の想像以上に、顧客（特に女性）は繋がっている」から、顧客が喜ぶ取組をこれ以外にもドンドン始めましょう。」

写真14　「少量・一つでも気兼ねなく買いたい」顧客ニーズに応えるPOP

私の提案に、商店主たちは次の反応を見せました。

商店主A「そんな面倒なこと、できないよ」

商店主B「もし、やるにしても、「喜んで」なんて絶対できないぞ」

商店主C「(同席した自治体職員へ) この取組にも、補助金は出るの？※」

※この講演会にも、その他イベントにも、商店街へ補助金が出ています。

†パレートの法則——できが悪い80%をどうするか？

この講演会を含めて、私の提案に、商店主の反応は次のように分かれます。

① 80%程の商店主は「そんな面倒なこと、できない」と言い、自治体に次の支援を要求。

② 20%程の商店主は「喜んではできないけど、やってみる」と言い、行動に移す。

このように、少しでも努力を要する新しい提案に、反対と賛成の割合は概ね「80対20」になります。80対20といえば「パレートの法則(80対20の法則)」と数値が一致します。

パレートの法則の基本解釈は「上位20%の営業員や商品が、総売上高の80%を占める」から「できが悪い80%の人や商品は、何らかの対応が必要」です。

たとえば、コンビニやドラッグストアの仕入・陳列は、パレートの法則に則っています。店の陳列は20％の売れ筋商品に絞り、残り80％は死に筋商品と判断して、陳列棚から容赦なく外します。つまり「できが悪い80％の商品は、処分（取扱商品から撤去）する」対応です。

最近、パレートの法則の裏をつく「ロングテール戦略」が注目を集めています。アマゾンなどインターネット専業販売は、地価の高いリアル店舗に比べると在庫コストが格段に安いので、80％の死に筋商品も「在庫（品揃え）」することで、総売上を高めています。このように、少ししか売れない（できが悪い）80％の死に筋商品を、在庫管理の方法を変えることで再生・活用を図るのがロングテール戦略です。

†20％の意欲ある商店主が、小さな形で取組を始める

以上は、商品の話ですが「できが悪い80％の人」を抱える組織の対応は、どうあるべきでしょうか？

基本的な戦略は商品と同じです。すなわち、天下りや転籍などの手法で組織から去ってもらう「処分」型か、配置転換や教育などの手法による「再生・活用」型の選択です。

前述の商店主を対象とした講演会は、まさに教育による「商店主の再生」を狙った施策です。結果は、ここでもパレートの法則どおりで、20％程の商店主は「喜んではできないけど、やってみる」と言い、行動に移してくれます。では、教育をしても意欲が相変わらず低い80％はどうすれば良いのでしょうか？

対策は2つ考えられます。第一の案は、民間企業の配置転換や教育と同様にムチをうつことです。具体的に言えば、補助金を使って教育の場を提供した自治体が商店主へ「講師の提案を実践して、一定の成果を出さないと、次の支援はない」と宣言することです。

第二の案は、20％の意欲ある商店主で取組を始めてしまうことです。第2章で紹介した水木しげるロードと、第4章で紹介した徳島県上勝町の葉っぱビジネスは、その好例です。いずれも最初は全員が反対あるいは無関心な状況でしたが、20％程の賛成者が集まった時点で一部開業という小さな形で実施に踏み切り、結果を出してから取組を大きく全体に広げています。勿論、あらゆる取組は直ぐには結果が出ないので、結果を出す過程で試行錯誤を繰り返して進化させています。

瀕死の状況から再生した事例には、次2つの共通する成功要因があります。
① 賛成者が20％集まれば、一部開業など小さな形で取組を始めてしまう。

② 結果が出るまで試行錯誤を繰り返して、取組の内容を進化させる。

†試行錯誤を繰り返して、取組を進化させる

商店街や自治体のように、古い考えに固執する中高年男性が多い組織は、少しでも努力を要する新しい提案に、反対と賛成の割合は概ね「80対20」になります。民主主義（多数決）の法則を採用すれば、新しい提案は必ず否決される運命にあります。

自治体のように口先では「改革が必要」と言いつつ、改革を回避できる幸せな状況にあれば、民主主義の法則を採用して、少しでも努力を要する新しい提案は必ず潰して、ひたすら現状のぬるま湯状態を維持する選択もありえるでしょう。

しかし、衰退・瀕死の状況にある商店街の意思決定は、民主主義の法則ではなく、パレートの法則を採用して、改革を起こす必要があります。

衰退した商店街を再生させるには、取組として何をやるかも重要です。しかし、衰退した商店街の組織であるが故に、何をやるにしても最初は、意欲が低い80％の商店主が反対・無関心なことは、火を見るより明らかです。

意欲が低い80％の商店主も救済する「護送船団方式」支援は、もうやめましょう。

瀕死の状況にある商店街を本気で再生しようとするならば、意欲の高い20％の商店主が集まった時点で「できる形（小さな形）で取組を始める」べきです。

小さな形で結果を出して、参加者を増やし、試行錯誤する過程で取組を進化させるのです。だから、最初は「喜んではできないけど、やってみる」くらいの感覚で良いのです。

重要なのは「行動に移すこと、試行錯誤を繰り返すこと」です。

ケース⓫ 金融商品と化した商店街に、自治体は課税とテナント管理を
――太田市南口一番街、鹿児島市天文館

†商店街を金融商品と考える困った人たち

ケース⑩に登場した商店主は、自分で商いを営んでいます。これをパターン1とします。ケース⑪で紹介する商店街は、商店主の多くが自らは商いを放棄して、事業用宅地を賃貸用店舗へ建て替える投資を行い、自らは店舗を貸すだけの不動産オーナーと化しています。

こちらのパターン2は、パターン1の「商店主」と区別するために「不動産オーナー」と呼ぶことにします。

更に、自らは商いを放棄したが、節税を主目的に事業用宅地の形状は残して、店のシャッターを閉じたままの「シャッター商店街」が増えています。このパターン3を「シャッター商店主」と定義します。

不動産オーナーとシャッター商店主に見られる共通項が2つあります。まず、彼らは店舗を含む豊かな資産(ストック)を世襲した「ストック・リッチ」が多いことです。

第二の共通項は、ストック・リッチな彼らにとって商店街とは、投資や節税を目的とした「金融商品」として扱われてしまうことです。不動産オーナーにとって、商店街の店舗賃貸は「投資」なので、全国チェーン店やパチンコ店・風俗店など高い家賃を取れる店に貸そうとします。その結果、2つの深刻な問題を引き起こしています。

まず、意欲は高いけど資本力が乏しい若者や女性が商店街の経営に入れないので、商店街は旧態依然なままで、顧客にとっての価値が下がり続ける問題です。

もう一つの問題は、全国チェーン店ばかり並ぶ商店街は何処も同じような顔となり、まちの個性・文化を失うことです。更には、パチンコ店・風俗店等に席巻されると「まちが滅びる」こともあります。

まちや商店街の価値は、不動産オーナーが店舗を誰に貸すかに大きく左右されるのです。

†シャッター商店街は、節税策に使われる金融商品だった！

投資の次は節税です。シャッター商店街が深刻な問題として指摘されて久しいが、その理由は自治体も専門家も「後継者がいない」の一言で片づけています。その理由は表面的には間違っていませんが「シャッター商店街の本質は節税」にあることを留意すべきです。

節税は固定資産税と相続税の双方で可能ですが、ここでは本質を具体的に説明できる相続税の話をします。事業用宅地（店舗兼住宅）を事業承継する場合の相続税は、事業用宅地400㎡までが評価額を20％に減額して優遇されます。たとえば、評価額3億円の土地400㎡を相続人1人が相続する場合、他の相続案件や借入金がないと仮定して、事業用宅地とそれ以外の相続税額を比較してみましょう。

事業用宅地の場合は、3億円を20％に減額した6000万円は基礎控除内となり相続税が免除されます。一方、青空駐車場など更地や賃貸オフィス等の優遇措置がない土地の場合は、7900万円の相続税が課せられます。

両者にこれだけ大きな差があると、商店主が「子供が跡を継いでくれない（後継者がいない）」ことを理由に、商いを放棄する時、投資を行って不動産オーナーになるか、節税目的でシャッター商店主になるかでどちらが得かを天秤にかけます。

「攻めの投資」か「守りの節税」を選択する際に、最も重視される事項は「自分の余命年数と、不動産価値の上昇」です。投資を回収するには、一定の時間と価値上昇が必要だからです。

商店主が高齢者の場合や、地方都市など高い賃料を期待できない立地の場合、賃貸用店舗等への建て替え投資の意欲は湧かず、必然的にシャッター商店が選ばれます。

高齢化と地方経済停滞が進むなか、シャッター商店街が増え続ける本当の理由は「商店街が節税策に使われる金融商品」という特性にあるのです。

自治体が、こうした認識をもたずに、シャッター商店街のシャッターを開けるために、再開発事業など多額の公共事業を実施し続けている現状には、首をひねりたくなります。

群馬県太田市の南口一番街は、その典型です。

†シャッター商店街を再開発する前に、テナント管理が必要

典型的なシャッター商店街だった南口一番街のシャッターを開けるため、ひいては街中再生のために、太田市は多額の補助金を投資して再開発事業を実施しました。

高額な電線地中化事業や、幅員の広い歩道整備事業など公共事業に邁進した結果、南口一番街の不動産価値は大幅に向上しました。借り手のいなかったシャッター商店街に、テナント入居希望者が現れたのは良いのですが、不動産オーナー達はこぞって高い賃料を提示した風俗店に貸したのです。

シャッター商店街だった太田市の南口一番街は「北関東の歌舞伎町」と揶揄される歓楽街に変貌しました。

太田市の清水市長は、多額の公的支援が生み出した不動産価値の向上を、不動産オーナーたちの私益追求に使われた矛盾と悔しさを雑誌インタビューで次のように語っています（「週刊東洋経済」2005年9月3日号）。

地元商店街はもともと客が好むような商店の構成になっていなかった。まったく連

帯していない。魅力がなくて、これ以上落ち込みようがない状態だった。太田駅の南側には風俗店が多く、北関東でも有数の歓楽街といわれている。開発された一番街のある南口の地主は、実は北口の老舗のだんな衆だ。自分たちが住む北口は愛着があるから、歌舞伎町のようにはしたくない。でも、南口の土地はカネになるところに貸し、自分は北口で悠々自適に生活している。（後略）

（傍線強調は筆者）

†不動産オーナーが私益を追求すると「まちは滅びる」

太田市南口一番街の例は、不動産オーナーが自分の店舗を誰に貸すかによって「まちは滅びる」こともある怖さを示しています。この例で最も注目すべきは、まちが滅びる原因をつくった不動産オーナーは「そのまちに住んでいない、そのまちに愛着がない」ことです。

２０１３年2月の日曜日、太田市南口一番街を4年ぶりに訪れました。写真15は日曜日の16時頃、風俗店のギラギラしたネオンが点灯する1時間ほど前に撮影したものです。4年前に訪れた時も歩行者は全くいない「衰退したまち」という印象でしたが、通過する自動車は多く見かけました。しかし、今回は歩行者もいないし、通過車両さえ疎らで閑散と

写真15　太田市南口一番街は、電線地中化や歩道拡幅など多額の公共事業を実施して、見栄えは綺麗になったが、風俗店に侵食された街は生気が感じられない

していました。

まちが衰退したレベルであれば、歩行者や通過車両がなくても、風景が人の営みを感じさせるものです。しかし、南口一番街はもはや、風景が醸し出す「まちの生気さえ感じられない」状態にあります。

まちが衰退した時、自治体が不動産オーナーの店舗賃貸を管理しないと「まちは滅びる」こともあるのです。

太田市南口一番街のように、不動産オーナーが自分の店舗を、風俗店やパチンコ店など高い家賃を取れる店に貸して「まちを破壊する商店街」が増えています。

人口60万人強の鹿児島県鹿児島市にある天文館は、かつて鹿児島県で最も賑わっていた商店街ですが、今ではパチンコ店に席巻されて、すっかり変わり果てた姿を見せています。

写真16　鹿児島市の天文館G3街区

　写真16は2013年2月26日の平日12時30分頃に撮影したものです。この日、私は天文館の商店主と不動産オーナー対象の講演会で講師を務めました。鹿児島市の補助事業である「街なか空き店舗活用事業」を使った講演会で、空店舗を埋める方法を話して欲しいと要請を受けていました。講演前に私は、天文館を3時間ほど歩いてみました。

　写真16を見ると、天文館の入口部であるメインストリートには、ランチタイム時間帯に多くの人が歩いていることが分かります。そう、鹿児島市の街中は賑わっているけど、パチンコ店に席巻された天文館には、人が流れないのです。人が流れない理由は、言うまでもなく「偏ったテナント構成」にあります。不動産オーナー数人が高い賃料を払えるパチンコ店に貸した結果、かつて鹿児島

県で最も賑わっていた天文館が今では、市民が近寄りたくもない異質な空間に変わり果ててしまったのです。

自治体が商店街にすべきは救済ではなく、課税とテナント管理

私は風俗店とパチンコ店の存在を否定する気はありません。私が問題提起したいことは次の2点です。

① 自治体が公的支援を行った商店街にテナント選定の条件を付けなかったこと。
② 風俗店やパチンコ店に席巻されて衰退した商店街に今も尚、自治体が補助金を出し続けること。

風俗とパチンコは、いずれも巨大産業です。条件の良い店舗があれば、新規出店を虎視眈々と狙っていることくらい、自治体職員なら常識として知っているはずです。この常識を踏まえて、太田市は自治体として、南口一番街の不動産価値を大幅に向上させる開発事業を実施する前に、不動産オーナーに「貸すべきテナントの業種、賃料など条件を付ける」必要があったのです。これは民間のデベロッパーであれば、基本中の基本です。

自治体がこうした常識や基本さえ知らずに、公共事業に多額の税金を投資する行為は、税金の無駄遣いは言うまでもなく「まちを破壊する恐ろしいこと」なのです。

自治体と不動産オーナーには「まちを滅ぼさない＝まちを守る」意識をもってほしいのですが、風俗店やパチンコ店に席巻されて衰退した商店街へ、自治体が更に補助金を出し続けている実態には本当に呆れてしまいます。

鹿児島市はその典型で、商店街向けの補助事業が過剰なほど充実しています。たとえば、先述の街なか空き店舗活用事業に加え、頑張る商店街支援事業、にぎわい商店街づくり支援事業、地域繁盛店づくり支援事業、地域のよか店コラボ支援事業などがあります。

頑張る商店街支援事業は平成24年度に7つの事業に補助金交付を認定していますが、うち3つが天文館です。いったい、どんな審査をしているのでしょうか。補助事業の名称から察すると、商店街が「頑張る！」と言いさえすれば、補助金を出してしまうのかもしれません。

自治体は、そう言われると必ず「厳格に審査している」と釈明します。このセリフ、B-1グランプリに出場したい団体を「厳格に審査する」と言う愛Bリーグと同じです。第3章「B-1グランプリの罠」の繰り返しになりますが、補助金をもらうために商店街は「自治体の厳格な審査を受ける」ことになります。商店主は本来、顧客の意向を考えるべきなのに、自治体の顔色や意向ばかり考えるようになってしまいます。

自治体が顧客の意向を皮膚感覚で知っているのであれば、現状の補助金制度でも商店街は再生できるかもしれません。しかし、第4章で考察したように、自治体職員は驚くほど「商店街に行かないし、顧客目線が足りない」のです。

商店主も自治体も、顧客の意向を知らないまま、補助金づけになっている商店街の現状は、根本から見直す必要があります。

†まちを守るために、商店街の「再生策は利用者が創る」

自治体が補助金を投入する商店街に関しては、不動産オーナーが店舗を「誰に貸すか、貸さないでシャッターを閉じてしまうか」を、自治体が責任をもって管理すべきです。自治体がそれを怠ると、商店街を救済する名目で補助金を使ったのに、まちを破壊する悲しい結果をもたらしています。

商店街の衰退理由が「商店街を金融商品と考える不動産オーナーの私益追求行為」にあるのに、自治体が更に別の補助金を出し続ける実態は本末転倒と言えます。

そういう観点から前著『地域再生の罠』では3つの提言の3番目に、次の理念と施策を提唱しています。

まちづくりは土地所有者（不動産オーナー）次第だから、土地の課税率は、用途の公益性に連動させる。自治体の公的支援は、市民の交流を促す公益空間に集中する。

この提言は『地域再生の罠』刊行3年後の今でも、必要だと確信しています。しかし、顧客の意向を知らない自治体と商店主に任せていたら、商店街は再生しないし、無駄な補助金を垂れ流し、市民が豊かになれない事実に直面しています。本書はここまで、その事実を描写してきました。

自治体と商店主に任せる弊害が多い事実を踏まえて本書は、商店街の「再生策は利用者が創る」理念を掲げます。第6章から、商店街の「再生策は利用者が創る」理念を実現する戦略と、示唆に富む事例をお話しします。

第６章

再生戦略①「シェア」で、雇用・起業を創出

東京都江東区深川資料館通り商店街の空店舗に開業した深川いっぷくは、女性４人の「シェア（協働）経営」

†商店街を再生する3つの戦略、3つの人的特性

ここからは、商店街の「再生策は利用者が創る」理念を実現する3つの戦略を示します。戦略の意図と取組を具体的にイメージできるように、4つのケースを紹介します。いずれのケースも「女性、若者（1980年代生まれ）」の起業で、お金も経験も乏しい大学生が始めた事業もあります。

4つのケースに登場する「女性、若者」には、共通する人的特性が3つあります。

①仲間や地域に貢献したい意欲（私益より公益を想う心）
②前例や成功事例を模倣しないで独自のアイデアを考える力
③試行錯誤を重ねる行動力

この人的特性は、本書がここまで検証してきた失敗事例に関わる「自治体職員と商店主の人的特性とは正反対」です。すなわち、意欲が低くて私益ばかり追求すること。何も考えずに前例や成功事例の表面だけを模倣すること。少しでも努力が必要な取組は「面倒」と言って行動しないことです。

図表6　商店街を再生する3つの戦略

商店街を再生する3つの戦略	戦略の背景
①「シェア」で、雇用・起業を創出	ひとりの商いより、仲間・地域と「シェア、協働」すると利益は大きくなる
②「地域経済循環率」を高めて、第一次産業と共生	仲間・地域の利益を最大化するには、売上額より地域経済循環率を重視する
③ 皆が関心の高い趣味を媒介に「地域コミュニティ」を育成	金（補助金）より、仲間（地域コミュニティ）を求める発想は、多方面に相乗効果を生む

本書が示す「3つの戦略と、3つの人的特性」は以下のように、関係性が非常に強いので、それを意識して商店街再生に取り組むことで、相乗効果を得ることができるはずです。

なぜ空店舗対策事業を使った起業は失敗するのか

第一の戦略「「シェア」で、雇用・起業を創出」する必要性をお話ししましょう。自治体のほぼ全てが、商店街の空店舗で起業を奨励する補助金制度を有しています。典型的な制度は、起業後2〜3年分の家賃に補助金を出す「チャレンジ・ショップ制度」ですが、ほとんど効果が出ていません。補助金が切れると経営が行き詰まり、閉店してしまう事例が非常に多いのです。

第一の戦略は、自治体のほぼ全てが奨励しているが、効果が出ない商店街での起業を、ひとりの商いではなく、シェア（協働経営）で取り組むことを提案するものです。

なぜチャレンジ・ショップ制度を活用した起業者の多くは、補助金が切れると経営が行き詰まるのでしょうか？

「顧客づくり」の重要性と難しさを、自治体も起業者も認識していないからです。自治体がその認識も知識もないまま、形式的な審査だけで安易に補助金を支給するからです。

私は起業家の相談にのることがありますが、よく彼らから次のような話を聞きます。

「起業するか否かの決断は、資金調達できるか否かにかかっています。順序は逆かもしれませんが、事業構想は細部まで詰めていない時点で、資金調達コンサルに相談すると直ぐに、自治体が2〜3年分の家賃に補助金を出す空店舗対策事業「チャレンジ・ショップ制度」の利用を薦めてくれます。補助金の申請書は全て資金調達コンサルが書いてくれました。申請書を見て「えっ、その数字の半分も売れない！」と不安でした。しかし「自治体職員は売上高などビジネス関連の数字は全く分からないから、書類の体裁だけ整えれば、簡単に承認される」というコンサルの言葉通りでした。最大の難関と考えていた資金調達が、簡単にできたので、ビジネスを甘く見て起業をスタートしてしまい、失敗しました。」

これが、自治体が言う「厳格な審査」の実態です。起業家はまだ起業するか否かを迷っているのに、なぜ補助金を出す前提で手続きが始まってしまうのでしょうか？

理由は2つあります。まず、補助金支給の申請を請け負うことで、手数料を得るコンサルの存在です。この構図は、生活保護など他の補助金支給申請にも見られます。

第二に、第4章で千葉県経営支援課が空店舗率の上昇に窮状を訴えたように、空店舗率は自治体の商店街施策を評価する最も重要な指標だからです。自治体の商店街担当部署は、たとえ一時的であろうと空店舗を埋めて「実績を作りたい（空店舗率を下げたい）」のです。だから、審査は緩くなりがちです。

このように一見、起業家は、自治体や資金調達コンサルから手厚く優遇されているように見えますが、実は利用されている側面もあり、店舗経営に最も必要な「顧客づくり」等の指導は受けていないのです。

補助金制度の見直しは絶対に必要ですが、若い起業家に無謀なチャレンジをさせないために「顧客づくり」の重要性と方法を説明することにします。

†売上高＝顧客数×顧客単価――顧客数を増やすか、顧客単価を上げるか

ビジネスや事業を継続するには、所要経費以上の売上高を確保し続けることが必要です。売上高を確保し続ける施策を考える上で最も重要な視点は、売上高を顧客数と顧客単価に分解して、施策も分けて考えることです。

売上高＝顧客数×顧客単価　という方程式は、経営の基本で、売上高を上げる施策は「顧客数を増やすか、顧客単価を上げるか」を意識して、いずれかに選択と集中が求められます。なぜなら、ある一定期間はどちらかに徹底的に集中しないと、なかなか効果は出ないからです。

たとえば、マクドナルドは、100円マック等で「安さを訴求して顧客数を増やす施策」と、300円以上の「高価格商品も売って、顧客単価を上げる施策」を一定期間ずつ交互に繰り返す戦略を徹底しています。この戦略は2003年まで、7年連続減収だった要因が「安さだけを訴求して顧客数を増やす施策」一辺倒だった自社の失敗実績を踏まえて、試行錯誤の上で導いたもので、非常に説得力があります。

分かりやすく言えば、安さを訴求する期間が長すぎると、顧客から「安売り店」と認知

されてしまい、顧客単価を上げる施策が効かなくなります。更に悲惨な例は、割引券を頻繁に配りすぎて、割引券を使える時にしか顧客が来なくなり、顧客数も顧客単価も下げてしまいます。

†商店街の再生は「顧客数を増やす」ことに尽きる

商店街の再生は「顧客数を増やす、顧客単価を上げる」施策のどちらが重要でしょうか？

この基本的な問いかけから商店街を見つめ直すと、客が来なくなって衰退した商店街の再生とは「顧客数を増やす」ことに他なりません。

不祥事や業績低迷で、顧客の多くを失った事業者は、淘汰されて存続できなくなるか、顧客から新たな信用を得る取組に努めて顧客を増やすことで再生するか、いずれかの途を辿ります。衰退した商店街が辿る途も、これと同じです。つまり、商店街の再生施策は「顧客から新たな信用を得る取組によって、顧客数を増やす」ことに尽きるのです。

ここで「新規顧客を獲得するコストは、既存顧客を維持するコストの5倍以上かかる」マーケティング理論に注目しましょう。大企業が新規顧客を増やす場合、マクドナルドのように「安さを、派手な広告等を使って」訴求する戦略が一般的です。スーパーなど大型店の特売チラシもこの戦略に基づいています。この戦略は、安さの実践にも、派手な広告の実践にも「非常に高いコスト」(既存顧客維持コストの5倍以上)がかかるので、資本力のある大企業に有利な戦略と言えます。

では、商店街はどういう戦略をとれば良いのでしょうか。私は、戦略を「効率、高級、交流」の3つに分けて、商店街は交流戦略を推進すべきと主張しています。

†効率、高級、交流「3コウ戦略」

顧客数を増やすために行われる安さの訴求は、大量仕入など「効率」的なオペレーションを遂行できる大企業にのみ可能な戦略です。これを「効率戦略」と言います。

顧客単価を上げるために、高価格商品を売る戦略は「高級戦略」と言います。マクドナルドのバリュー・セットのように、効率戦略商品と高級戦略商品を併せて、バリュー(お得感)を感じさせて売る販売手法は「クロスセル」と呼ばれます。

個人起業や商店街再生のように、ゼロ状態からスタートする場合、少なくとも最初の数年は、顧客単価を上げるのは難しく、顧客数を増やす施策の徹底が求められます。そこで留意すべきは、大企業には資本力やオペレーション力では敵わないので、効率戦略とは異なる顧客数を増やす戦略が必要となることです。それが「交流戦略」です。

交流戦略は「人の繋がり、コミュニティの強さ」を活かした顧客づくりです。大企業は効率を得意とするが故に模倣が難しく、交流戦略は「大型店やコンビニと差別化」ができる個人商店に最適な戦略と位置づけることができます。

以上「効率、高級、交流」の3戦略を、私は「3コウ戦略」と呼んでいます。人の繋がりやコミュニティの強さを活かして顧客数を増やす「交流戦略」の具体的な施策を、ヘアカット業界の3コウ戦略を事例に紹介しましょう。

†趣味で繋がる顧客と商店主の絆は強い

ヘアカット業界は、QBハウスなどの効率戦略の店と、カリスマ美容師の高級戦略の店に二極化しています。個人の床屋さんは、価格という土俵では10分1000円のQBハウスより約4倍も高く、技術という土俵ではカリスマ美容師の足元にも及ばず、非常に厳しい環境にあります。勝てる土俵を見出せない個人経営者は床屋を廃業して、QBハウスなど効率戦略のチェーン店に就職する人も少なくありません。個人経営者が生き残るには

「交流という土俵」を創ることが必要不可欠です。その好例として、ある床屋さんの話を紹介しましょう。

彼の店はカット料金3800円で、QBハウスより約4倍も高く、技術も並レベルです。彼は効率戦略や高級戦略には目もくれず、交流戦略を実践して顧客数を増やしつつ、業界では割高となった3800円のカット料金を維持しています。

顧客を増やす秘密は、彼の趣味にあります。彼は釣りの達人で、魚をさばく腕と調理する腕もプロ級で、仲間からは「床屋をやめて、割烹の大将になれば？」と冷やかされています。そんな彼の店には、釣りファンが多く集まります。髪を切ってもらう間「この時期は何処でどんな魚が釣れるか、その魚を釣るコツはこうで、穴場はここ」と講義さながらの話を聞くことができます。

彼が次の定休日に釣りに行くと聞いて、彼の休みに合わせて休暇をとり、一緒に出かけるファンも少なくありません。釣りを楽しんだ後、彼がさばいた魚を食べながら会話が弾む一時も実に楽しく、この共通体験が固定客化に繋がります。更に、この体験談がクチコミで広まり、話を伝え聞いた釣りファンが、わざわざ遠方から彼の店へ散髪しに行きたくなる「顧客を増やす」仕組みが構築されています。

ここで注目すべき点が3つあります。まず、料金がQBハウスより約4倍高くても、ヘアカットの腕前が平均レベルでも、趣味を活かして、顧客を増やしていることです。

第二に、共通の趣味を通して、店主も顧客も楽しんでいることです。

第三に、床屋さんが顧客とコミュニティを築く会話は何も「髪の手入れ等、散髪ビジネスに特化する必要はない」ことです。その道のプロとしての会話は勿論、武器になりますが、床屋さんが釣りの技術と情報を提供することで、顧客とコミュニティを築く方法も非常に有効です。

デフレで料金を下げないと客は来ないと妄信している商店主は、趣味を活かして顧客とコミュニティをつくることに力を注いでみましょう。

この事例のように、交流戦略は「商店主が顧客とコミュニティを築く」ことが基本となります。しかし、交流が苦手な商店主もいるでしょうし、直接的な交流は時間等の制約から範囲が広がりにくい弱点があります。

この弱点や制約を補う手法の一つとして「シェア（協働経営）」を説明しましょう。

ケース⑫　女性4人の異業種な起業家が相互に貢献しあう協働経営
——東京都深川資料館通り商店街

†人の繋がりを強化できるシェア（協働経営）

東京都江東区深川資料館通り商店街の空店舗に2006年、「深川いっぷく」がオープンしました。深川いっぷくは、女性4人の異業種な起業家が相互に貢献しあう「シェア（協働経営）」で営まれています。分かりやすく言うと、協働経営者が、自分の顧客づくりをしてくれて、自分も協働経営者の顧客づくりに貢献しあう経営です。市民と協働を推進したい自治体にとっても、起業を目指す者にも、示唆に富む事例です。

シェア（協働経営）の形を説明しましょう。水曜日〜日曜日の5日間、白濱万亀《しらはままき》さんがカフェとギャラリー展示・販売を営んでいます。これを店舗経営のコア（中核）と位置づけ、以下4つの協働経営を組み合わせています。

① 水〜金曜日：カフェに洋菓子を追加し、パティシエの宝理《ほうり》彩子《あやこ》さんが経営参画

②土曜日午前：将棋教室に転換し、棋士の藤田麻衣子さんが経営参画
③土〜日曜日：ギャラリーにイベントを追加し、美術作家の白濱雅也さんが経営参画
④月〜火曜日：マッサージ室に転換し、マッサージ師の金澤南都子さんが経営参画

写真17 「深川いっぷく」店内。左から白濱雅也さん、白濱万亀さん、宝理彩子さん。薬局だった空店舗を居抜きで借りている。奥の調理スペースは調剤室だった。右下に見える椅子は、マッサージ事業にも使う

†洋菓子が、他の事業と相乗効果を生む仕組み

パティシエの宝理彩子さんが作る洋菓子がカフェのメニューに追加される水曜日から金曜日の昼下がり、深川いっぷくは洋菓子を目当てに集まる近隣主婦の溜まり場になります。

また、深川いっぷくは日本を代表するオフィス街の日本橋から1キロ強と近く、水曜日から金曜日の夕方にはオフィス街に勤めるOLが寛ぐ居場所になります。アートを見ながら、スイーツとカフェを堪能するうちに、若い女性がアートに目覚めて、週末のギャラリー・イベントに来た者も少なくありませ

ん。

以上は、宝理さんの洋菓子事業が、他の事業に貢献する仕組みです。土曜日の午前中に開催する「洋菓子付き将棋入門講座」は逆に、宝理さんが不在の状況で、宝理さんの顧客づくりができる場になります。将棋指導者は棋士の藤田麻衣子さんですが、この講座で出される洋菓子は、宝理さんが前日につくったものです。

特筆すべきは「将棋×洋菓子」という異色な趣味を組み合わせたシェアが「異性・異世代のコミュニティづくりを誘発」することです。将棋という趣味の集いは一般的に、中高年男性ばかりが集まります。一方、洋菓子の集いは女性が多く集まります。

第8章で、趣味を媒介に老若男女という枠を超越した「地域コミュニティ」を育む事例を紹介しますが、当事例のように異色な趣味を組み合わせたシェアによって、同じ効果を生むことができます。すなわち、将棋目的で来た中高年男性は将棋を教えたり対局する過程で、若い女性との交流が可能となります。一方、洋菓子目的で来る若い女性は、中高年男性から将棋を教えてもらうメリットも享受しながら、彼らと自然に交流できるのです。

†ギャラリーが、他の事業と商店街に貢献する仕組み

深川いっぷく定休日の月曜日と火曜日は、足もみマッサージ師の金澤南都子さんが店舗を借りうけます。アートに囲まれて施術者と自分だけの1対1のマッサージは心身ともにリラックスできると好評を博しています。

ギャラリー・イベントを開催する週末、深川いっぷくはアート派が広域から集まる拠点になります。近くにある、東京都現代美術館へ行ったアート派な顧客が深川いっぷくに立ち寄った後、地元の商店街に流れるので、商店街の他店舗から非常に喜ばれています。

この波及効果論は、注意が必要です。遠方から深川いっぷくへ来たアート派な顧客が「わざわざ深川の商店街に流れるには、仕掛けが必要」です。なぜなら、遠方に住むアート派な顧客と深川の商店街には、まだ関係性も繋がりもないからです。白濱さん夫妻が仲間である各顧客の嗜好を踏まえて、地元商店街の店を紹介する仕掛けがあるから、遠方から来たアート派な顧客が深川の商店街に流れるのです。

実は、この波及効果を期待して2006年に、商店街関係者が白濱万亀さんに空店舗での起業を依頼したことから、当事業は始まりました。読者が知りたいであろう「シェア仲間を見つける方法、シェア活用ノウハウ」はこの背景を読み解くことで浮かびあがります。

†シェアの基盤は、3つの人的特性にある

白濱さん夫妻は結婚を機に新居を探していました。アートに関心の高い2人は、東京都現代美術館へ鑑賞に行くことがあり、その時に通りがかった深川資料館通り商店街でアート・イベントが開催されていて、面白いと感じたそうです。調べてみると同商店街は毎年2回、商店街活性化施策としてアート・イベントをしていることが分かります。具体的には、2001年から毎年4月に約10日間開催する「花みずき街角誰でもアーティスト」と、1998年から毎年9月に約20日間開催する「かかしコンクール」です。両イベントを合わせると1年のうち1カ月間、商店街はアートに染まります。

アートに関心の高い白濱さん夫妻は、深川資料館通り商店街のアートに取り組む姿勢と、東京都現代美術館に近い立地が気にいり、2002年から深川の住人になりました。それを機に、2002年から白濱さん夫妻は毎年2回のアート・イベントに深く関わるようになります。

巷の商店街イベントは、商店街活性化ありきのものが多く、イベントに関与する住民からは「義務感、やらされ感が強い」という話をよく聞きます。一方、白濱さん夫妻は深川

資料館通り商店街のアート・イベントを「趣味として、自主的に楽しく」取り組んでいました。

アート・イベントは2回合わせて年1カ月に渡り、自主的に深く関与する経験を約5年間も積んだことで、白濱さん夫妻は近所およびアート関係者に大勢の仲間ができて、彼らから注目される存在になっていきます。商店街関係者は、白濱さんの行動力やコミュニティ・ネットワークに惚れ込んで、商店街の空店舗で起業することを白濱さんに依頼したのです。

以上から、重要な2つの示唆を得ることができます。

① 白濱さんがシェアの仲間を見つけ、シェアのノウハウを習得するに至った基盤は、本章の冒頭で掲げた3つの人的特性にある。

② 白濱さんは起業前の約5年間、商店街の再生策であるイベントに商店街関係者という立場ではなく「利用者として創る」立場で関与した。ここに、商店街の「再生策は利用者が創る」意義と効果がある。

†重要なのは「何をやるか」ではなく「顧客目線か」

当事例は、商店街のイベントという視点から見ても、示唆に富んでいます。イベントに多額の補助金を投入する商店街は多いですが、深川資料館通り商店街のように、年間1カ月もの長期間かつコンセプトを明確にしたイベントを実施する商店街は、おそらく他にはないでしょう。

注目すべきは、顧客目線なイベントを実施する商店街の意欲が、白濱さん夫妻を「移住したい、無償でもいいからイベントに楽しく深く関与したい」と感じさせたことです。イベントの内容はアートが良いという表面的な話ではありません。

商店街の取組で最も重視すべき視点は「何をやるか」ではなく「顧客目線か」です。商店街の取組で失敗している事例は、自治体や商店主が商店街再生のために「何をやるか」という視点で議論を始めています。商店街再生のためという販売者側の視点から出発するから、顧客目線を意識できず、成功事例と言われる候補から「簡単そうな、何かを探す罠」に陥ってしまうのです。

深川資料館通り商店街がイベントを始める視点は、東京都現代美術館への玄関口にあたる立地から「現代アートに関心の高い顧客の心に刺さる」ことを意識しています。深川資料館通り商店街はアート・イベントの成功事例を参考にはしましたが、東京都現代美術館へ行く顧客や地元市民の声を聞きながら、彼らが主役として関与できる方法を試行錯誤を重ねて見出しています。

このように、顧客や地元市民の声を聞きながら「顧客・地元市民が主役として、自分のコトとして関与できる取組」が、商店街の再生に繋がるのです。

†シェアは「女性の社会参加、自立」を促す

シェアは「女性の社会参加、自立」を推進する有効な戦略としても位置づけるべきです。実は、白濱さんのシェア仲間3人のうち、某女性は本業を自宅でしていますが、防犯対策上の理由から自宅場所を公開しないで営業しています。これはビジネスを成長させられないネックになっていました。しかし、白濱さんとの繋がりで得た営業場所を公開できる深川いっぷくでの営業日は「顧客を増やす」絶好の機会になっています。

白濱万亀さんも起業前、有名企業サントリーに勤めていましたが、体を壊して退職しています。商店街の空店舗で起業することを商店街関係者から依頼された時、白濱さんは自

分の体力等を考慮すれば「自分ひとりだけで起業して利益を出しつつ、自分の休養時間をつくるのは難しい」と考えたそうです。

そう、自分ひとりだけで起業して利益を出すのは本当に難しい。でも、シェア（協働経営）によって、それが可能になります。

深川いっぷくのシェアは、難しい状況に置かれた女性たちが、互いに「貢献や助け合いをシェア」しあうことで、社会参加と自立を実現しようと導いたものなのです。

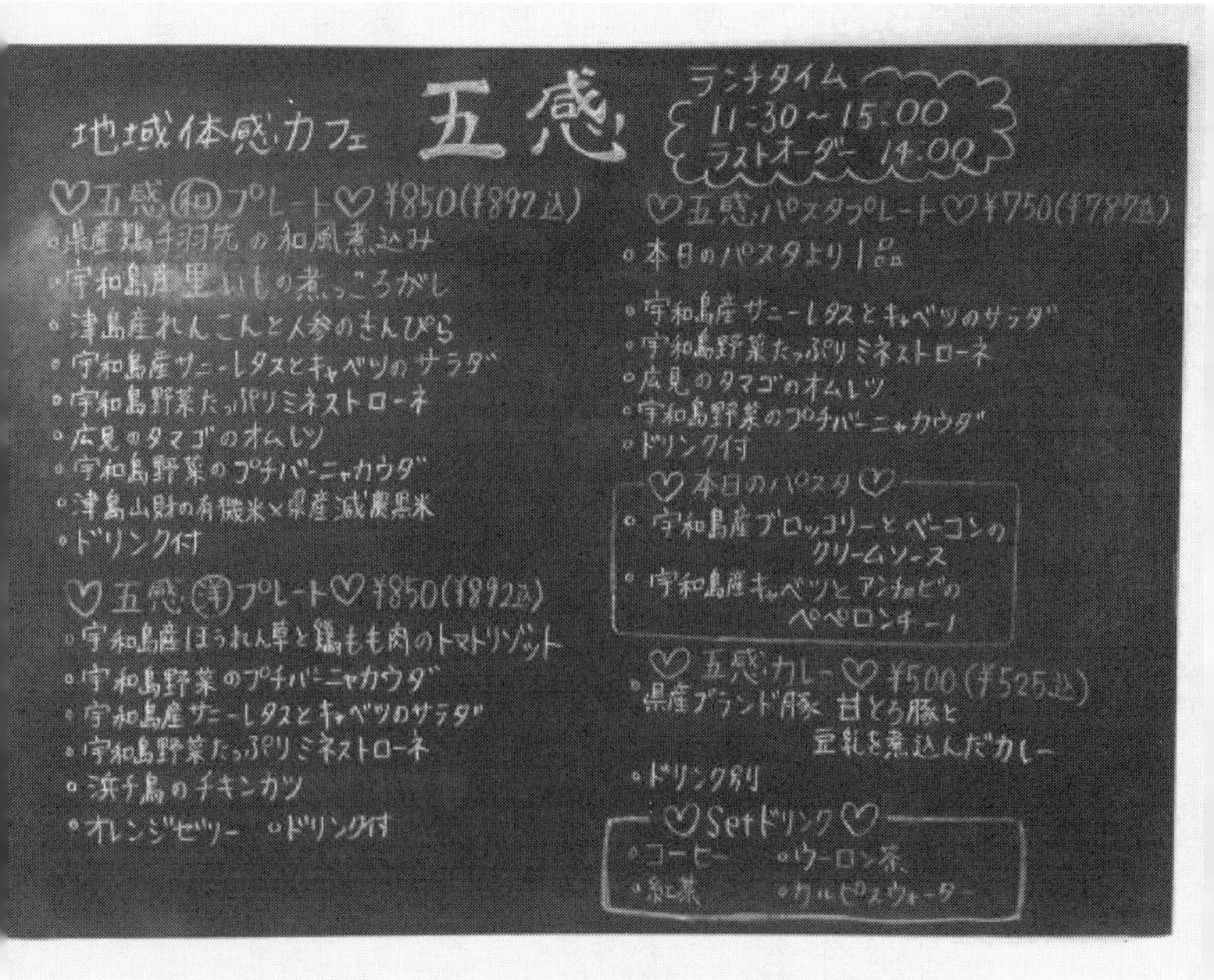

第7章

再生戦略②「地域経済循環率」を高めて、第一次産業と共生

愛媛県宇和島市「地域体感カフェ五感」のメニュー・ボードは、地元食材がずらりと並ぶ

†売上「額」から地域経済循環「率」へ

スローフードが地域再生の大切な理念であると確信する私は、初めての著書『日本版スローシティ』（学陽書房、２００８）で、地域経済循環率を高める重要性とその具体的な施策を提唱しました。

地域経済循環率は、地元での消費が地元に循環する割合を言い、この指標が高いほど地域経済が好循環することを示します。『日本版スローシティ』１０４頁で紹介したアメリカで行われた調査結果によれば、大都市大資本チェーン店の地域経済循環率は13％であるのに対して、地元資本店の地域経済循環率は45％です。

更に、地元食材を積極的に使うスローフード飲食店の地域経済循環率は80％前後に上がり、大資本チェーン店の約6倍も高いのです。6倍の差が生じる主な理由は次の2つです。

① 店舗利益が、ほぼ全て大都市本社へ送金されるか、多くが地元で循環するかの違い
② 食材の仕入れを大都市本社が「大量、安さ」を基準に一括して行うか、地元の食材が「少量、高くても」使うかの違い

図表7　地域再生の鍵は地域経済循環率　大資本チェーン店vsスローフード店

	地域経済循環率	×売上額	＝地域経済循環額	
大資本チェーン店	13%	100	13	←②
スローフード店	80%	17	14	
	ここがポイント↑③	↑①		

① 不動産オーナーは、売上額の高い店に店舗を貸したい
② 不動産オーナーが私益だけを考えると、地域経済が循環しない
③ 商店街再生は、売上額でなく、地域経済循環率に注目

スローフード飲食店の売上額が、大資本チェーン店の売上額の6分の1以上であれば、地域経済は好循環します。したがって、スローフード飲食店の育成は、商店街再生および街中活性化に極めて有効な戦略と位置づけられるべきです。

しかし、商店街や街中に店舗を保有する不動産オーナーは、高い賃料を払えるファストフード店に代表される大資本チェーン店に貸したがります。最近では、風俗店やパチンコ店に店舗を貸す不動産オーナーも増えています。これらの店は基本賃料を高く設定できるし、売上額に比例する歩合賃料を期待できるからです。

図表7は以上を分かりやすく図解したものです。

†スローフード最大の障壁は、ファストフード文化

スローフード運動は1986年、ファストフード店の象徴であるマクドナルドがイタリア進出を表明したことから始まります。当時、地域経済循環率の概念はあまり普及していませんが、イタリア市民は、図表7の概念を感覚的に理解していたのでしょう。

スローフード発祥の地イタリアでは、スローフードの理念は「大切な人との交流」にあるという意識が市民にしっかりと根付いています。イタリア市民にとって、大切な人とは、顧客同士の狭い人間関係に止まらず、生産者や飲食店関係者も含む「地域コミュニティ」であることに私は非常に共感します。

なぜなら、スローフード飲食店での消費は、食材を納入する地元の生産者と、そこで働く地元の飲食店関係者と、そこで飲食を楽しむ地元市民の皆が豊かになれるからです。結果として、地域全体に経済効果が循環するからです。

ひるがえって、日本の地域再生は、イタリアのスローフード運動から四半世紀以上が経過した今も尚、ファストフード店などの大資本チェーン店や大型店の誘致に固執しています。これらの店舗は、業績が悪化すると直ぐに撤退しがちです。地方都市で大型店が撤退

した後、次が決まらないケースが急増しています。これは日本の地方都市が衰退し続ける要因の一つです。したがって、地方都市の再生は、スローフード飲食店の育成を柱とした地域経済循環率の向上に力をそそぐべきです。

スローフード飲食店を育成するうえでの障壁は、ファストフード店等を誘致する不動産オーナー側にもありますが、実はファストフード店や職員食堂ばかり愛用する顧客側にこそあります。食事や懇親会を「安く、便利に」済ませるファストフード文化に染まった顧客の多い地域に、スローフード飲食店を起業することは非常にリスクが高いのです。分かりやすく換言すると、素晴らしい事業であっても、顧客ニーズが低い地域では、誰が起業しても成功は困難です。

したがって、スローフード飲食店を育成して地域経済循環率を高めるには、起業者を直接支援する施策も必要ですが、行き過ぎたファストフード文化に歯止めをかけるイタリアの「スローフード運動」的な改革によって、顧客の意識・行動を変えることが重要です。

そこで、私が専門家としてできることを考えてみました。私は嫌われる覚悟をもって、本書で以下2つの行き過ぎたファストフード文化の弊害を問題提起として掲げて、スローフードの大切さを主張することにしました。

①公務員は、昼食と懇親会で職員食堂ばかり利用する現状を改めて、外食しよう！
②マスコミや地域は、ファストフードが勝ってしまうB-1グランプリに目を奪われる弊害に気がついて、スローフードな取組に光を当てよう！

以上の観点から、市役所から近い商店街に、スローフード飲食店「地域体感カフェ五感」を起業した武部《たけべ》寛子《ひろこ》さん（1981年生まれ）の取組に光を当てます。

ケース⑬ 地域再生の鍵は売上額でなく「地域経済循環率」
――愛媛県宇和島市の地域体感カフェ五感

†多様な地元市民を繋げる場「日本版バール」を創ろう

宇和島《うわじま》市役所から近い商店街に、2011年7月に開業した「地域体感カフェ五感（以下、五感）」のランチタイムには、市役所職員が地元生産者や市民と会話する姿が見られ

写真18　イタリアのバールように地元食材を魅せる「五感」の内観

ます。彼らは約束をして会食しているのではなく、食事にやってきて偶然に対面・再会した市民同士が「地元の料理を媒介に会話を始める」のです。

こうした光景は、スローフード発祥の地イタリアの「バール（BAR）」でよく見られます。バールとは「地域社会に密着したスローフード飲食店」のことで、イタリアには約20万店あると言われています。バールの業態はカフェを基本に、お酒メインや食事メインなど様々なバリエーションがあります。同じ店が時間帯によって、市民のライフスタイルに応じて、業態を変える例も少なくありません。

イタリアのバールと、日本の飲食店を比較すると、顧客属性の違いが際立ちます。日本の飲食店は対象顧客を「デート向け、観光者向け、ファミリー向け」など顧客属性別に細かく設定します。この設定は「店のコンセプト」と呼ばれます。つまり、日本の飲食店が成功するか否かは「コンセプト・メイキング」に左右されます。

コンセプトを重視する店づくりの長所は、狭いコンセプトに合う顧客層のニーズには、ピタリとはまること。逆に短所は、コンセプトに合致しない多くの顧客層を「捨てている（逃がしている）」ことです。いずれにしても、既に関係が構築されている仲間と共に店に行って、仲間以外と交流が生まれることは、ほとんどありません。要するに、日本の飲食店は「同類グループばかりが集まり、各グループ間での交流は芽生えない、同類以外は排除する」閉鎖的な店づくりが主流です。

一方、イタリアのバールに見られる最大の特性は「顧客も食材も地域密着」にあります。そんなバールには、地元の「生産者、ホワイトカラー労働者、主婦」など様々な属性の顧客が集まります。バールは地元市民が個人で経営する店が多く、店主は顧客が「一人で、気軽に来店できる」開放的な店づくりを志向しています。だから、バールでは食事にやってきて偶然に対面・再会した地域住民同士が「地元の料理を媒介に交流を始める」姿がよく見られます。

つまり、バール（の店主）は、地域住民を繋げるハブの機能を果たしているのです。

「地域経済循環率を高める、地域コミュニティを育む」には、バールのように「顧客も食材も地域密着」な飲食店を創るべきです。

そういう観点で五感は、まるで「日本版バール」のような店で、地域住民を繋げるハブの機能を果たしています。その秘密は、どこにあるのでしょうか？

†顧客の行動を観察

武部寛子さんは、経営難に悩む地元の生産者たちを支援しようと、大阪の広告代理店を退職して、2010年4月に宇和島でUターン起業しました。地元の生産者を支援する事業の柱が、2011年7月に開業した五感です。

武部さんの経営は、地元生産者の食材を使って地域経済循環率を高めることを最も重視しています。したがって、五感の飲食メニューは地元生産者の食材をいかに多く使うか試行錯誤を繰り返しています。

試行錯誤で開発した料理の多くはまず、章扉写真にあるような日替わりランチ・メニューなど期間を限定した形で、顧客の反応を見ます。顧客の声を積極的に聴取して、改善と次の商品開発に繋げます。

五感は日替わりメニューで「試行錯誤（テスト・マーケティング）」を重ねて、多くの生産者の食材が消費される事に努めています。日替わりメニュー制は店側にとっても、在庫ロスを最小化するメリットがあり、一石二鳥の巧みな戦略と言えます。

ソーシャルメディアは「宣伝」でなく「コミュニティ」目的に使う

こうした日替わりメニューの情報を、武部さんはフェイスブックなどソーシャルメディアで予告します。ソーシャルメディアの活用はこのように、店の売上を上げるための「宣伝」ではなく、生産者と顧客へ食材の使用を伝える「予告、お知らせ」として使うことが非常に重要です。

武部さんと食材提供で繋がる生産者は、ソーシャルメディアでも繋がっているので、武部さんの食材使用予告を見て、自分が生産した食材の使用状況がわかります。自分の食材が使われる日には、五感へ顧客として訪問する生産者も少なくありません。つまり、武部さんは生産者と顧客を繋げるハブになることを意図しているのです。

五感へ生産者が顧客として来店すると、武部さんは生産者と顧客を自然な形で紹介します。生産者は自身の生産物を使った料理に、顧客がどんな反応を示すか肌で感じとれます。ここから商品改善のヒントを得ることがあると言います。一方、顧客は生産者の顔と情報に触れることで、安全性と「商品の背後にある物語」を感じとる事ができます。更に、飲食店である五感は、顧客の声を新メニュー開発に活かすことができます。

ソーシャルメディアはこのように、生産者と顧客と店の三者が皆、幸せになれるコミュニティづくりに使うことで、高い効果を生むことができます。

†農業と飲食業が共生する湯布院モデルの応用

五感の取組には、生産者である農業と、スローフード店である飲食業が共生できる仕組みができています。この仕組みの本質は、成功事例として有名な湯布院モデルと同じです。

大分県湯布院は人気観光地に成長する過程で、飲食消費の拠点となる旅館と、生産拠点である地元農家が連携して「ゆふいん料理研究会」を1998年に立ち上げています。当会の活動はまず、料理人が地元食材を多く使える料理を開発します。その料理を食べた宿泊客の反応や声を聴取します。それを農家へフィードバックして、食材の品質改善に繋げます。

こうした旅館の料理人と、農家の連携が顧客満足度を高め、湯布院は飲食業を営む観光業と、農業とが相乗効果で成長しました。

武部さんは「ゆふいん料理研究会」のような大掛かりな仕掛けを、日常の接客シーンに落とし込むことで、自然かつ簡単な形で同じ効果を得る仕組みを創りあげています。

このように、ゆふいん料理研究会などの成功事例は、表面的に模倣しただけの組織や施設を作る活用方法ではなく、成功した本質を地域・店舗の「日常シーン」に落とし込んで活用」することが重要なのです。

第８章

再生戦略③ 趣味を媒介に「地域コミュニティ」を育成

空店舗に開設した民間図書館で働くのは、地域の高齢男性と女子大生。
「異世代コミュニティと、働く場」を創出した千葉県袖ヶ浦団地商店街

†何をやるかは、いくらでも応用できる

再生戦略③「趣味を媒介に「地域コミュニティ」を育成」の本質は、前著『地域再生の罠』提言2「街中の低未利用地に交流を促すスポーツクラブを創る」と同じです。いずれも本質は「地域コミュニティ（交流）の育成」にあり、交流を促進することで飲食など関連消費を誘発して、街中および商店街を活性化する戦略です。

交流の媒介手段をスポーツという「体育会系の趣味」から今回は、ガーデニングや読書という「文化系の趣味」に応用しているにすぎません。つまり、本質を理解すれば、媒介手段として「何をやるか」は、いくらでも応用できるのです。これと同じことを、第6章で次のように説明しています。

重要なのは「何をやるか」ではなく「顧客目線か」です。イベントの内容はアートが良いという表面的な話ではありません。

地域コミュニティを育む媒介として「何をやるか」は表面的な話にすぎず「誰のために、何を目的に、どのようにやるか」を意識して、以下2つのケースを読んでみましょう。

ケース⑭ 自分のコトと顧客が感じるガーデニング
――福岡県久留米ほとめき通り商店街

†「商店主が売りたいモノ」から「顧客がしたいコト」へ

ガーデニング（植栽）に取り組む商店街は非常に多くあります。ガーデニングは人の心を和ませてくれますが、取組の結果として売上増加など経済効果に繋がったという話は、ほとんど聞いたことがありません。なぜでしょうか？

取組内容（どんな花を選んで、どのように手入れをするか等）が商店街側だけの閉鎖的な活動になっていて、顧客に「参加する余地、自己裁量の余地」がないからです。顧客が商店街のガーデニングを見れば確かに、心は和むでしょうが「自分のコトではない、当事者意識はない」ので、消費を誘発するには至らないのです。

端的に言えば「自分のコトではない」ガーデニングやイベントに、顧客は無関心だから、商店街に来る「きっかけにさえならない」と認識すべきです。

そう、衰退して顧客が来なくなった商店街へ、顧客に来てもらう最高の取組・きっかけは、顧客が「自分のコトと感じて、参加できるコト」を用意してあげることです。

物が過剰に溢れて、物が売れない時代に、物を売るには「モノからコトへ発想の転換」が重要であると、1990年代から言われています。しかし、商店街など売り手側は今も尚「顧客がしたいコト」には無関心で「商店主が売りたいモノ」をどうやって売るかばかり考えています。

商店街が「モノを売りたい」なら、先に「顧客がしたいコト」を用意しましょう。市民農園がブームとなる昨今、顧客が商店街でしたいコトとして、ガーデニングは最適です。その事例として、福岡県久留米市の久留米ほとめき通り商店街を紹介しましょう。

†ガーデニングを顧客に任せて、集客に成功

久留米ほとめき通り商店街は、久留米市内の複数商店街から構成されますが、そのうち二番街はガーデニングに力を入れています。実は、ガーデニングは苦肉の策から生まれました。

二番街は写真19で分かるように、開発事業で店舗は片側だけとなり、集客上きわめて不

利な構造になっています。その集客上の弱点を、ガーデニングとベンチを導入して顧客に開放することで、集客の武器に変えてしまったのです。

二番街のガーデニング活動は全て、市民に任されています。どんな花を選択して、どの

写真 19　開発事業で店舗は片側にしかなく、集客上きわめて不利な構造にある二番街は、ガーデニングとベンチを顧客に開放することで、集客上の弱点を武器に変えた！

写真 20　花は「市民の作品」と位置づけ、市民の名前を表示

ように世話をするかまでガーデニング活動の全てに「市民に自己裁量がある」のです。

商店街がやることは、ガーデニングを作品と呼び、作品ごとに市民の名前を表示すること（写真20）と、ガーデニング作業中の休憩用および花の鑑賞用にベンチを多数設置することくらいです。これだけで、商店街の集客効果は非常に高いのです。なぜでしょうか？ガーデニング活動者にとって、自分の作品が展示されている商店街は「自分のコトであり、承認欲求を満たす場」になっているからです。商店街は愛着の高い特別な場所と位置づけてもらえるので、少しくらい値段が高くても確実に消費してもらえます。ガーデニング活動者は当然、花の世話を目的に商店街へ頻繁に訪れます。自分の作品を知人に見てほしくて、知人を誘って商店街に行く機会も増えます。いわゆる「クチコミ集客効果」まで誘発できています。

更に、ガーデニングはスポーツと同様に「セット消費」も誘発できます。スポーツをした後、仲間と飲食店へ行くのと同じ感覚で、ガーデニングの作業後あるいは鑑賞後に近くの飲食店へ流れると私は予想しました。

予想したと言う意味は、私が２０１０年に久留米市で講演した際、二番街でガーデニング作業をしていた女性グループから「ガーデニング後に、オシャレなカフェへ行きたいが二番街にはない」という声を聞いて、それを地元の方に伝えたのです。

2013年に再び久留米市で講演した折、スイーツ＆カフェ「リトルオーブン」が2012年に二番街の空店舗にオープンして、ガーデニング後に女性たちが集う憩いの場になっているという嬉しい話を聞くことができました。

このように、空店舗を埋める前段階の仕掛けとしても、顧客に「自分のコトと感じて、参加できるコト」を用意する施策は高い効果を発揮します。

†地域コミュニティの鍵は、自己裁量

二番街の取組効果は、科学的にも立証されています。女性心理学者シーナ・アイエンガーの著書『選択の科学』（文藝春秋、2010）36〜39頁に、人の幸福感に自己裁量が重要と指摘するくだりがあります。

アメリカのコネチカット州にある高齢者介護施設で次の心理実験を行いました。介護施設で暮らす高齢者を次の2グループに分けます。第一グループは、「自己裁量がない」ように仕向けます。たとえば、各自の部屋に施設が決めた鉢植えを与えて、鉢植えの世話も看護師がするので、鉢植えは鑑賞することに限定して楽しんでくれと伝えます。つまり

「自己裁量がない」わけです。

別の階の第二グループは、「自己裁量を発揮できる」ように仕向けます。たとえば、各自が好きな鉢植えを選択することができて、鉢植えの世話も本人に任せると伝えます。こちらは、自己裁量が十分にあります。

3週間後、両グループの心身状態と交流状況を比較しました。自己裁量のない第一グループより、自己裁量のある第二グループの方が、心身ともに生き生きとしていて、鉢植えの世話など共通の話題から、同居者との交流が活発に行われたことが判明しました。

具体的には、自己裁量のない第一グループは、70％以上の高齢者に心身の健康状態悪化が見られました。一方、自己裁量のある第二グループは90％以上の高齢者に心身の健康状態改善の兆候が見られました。

鉢植え（ガーデニング）の選択と世話など実に「些細な自己裁量の有無」の差が、人の心身状態と交流形成にこれほど大きな影響を与えるのです。

この理論からは、商店街の活性化だけでなく、地域コミュニティの形成にも重要な示唆を得ることができます。すなわち、地域コミュニティを育成する最大の鍵は、市民に「自己裁量の余地」を用意してあげることなのです。

†コミュニティを広げるには、コミュニティを入口にしない

二番街のガーデニング事例から、顧客が商店街に求めた機能を発生順に分析してみましょう。

「趣味分野の労働↓仲間と協働↓交流（地域コミュニティ）↓消費（買物）」という4つの機能に分けることができます。自治体など支援者側と商店街側は「消費（買物）」機能だけを想定して、商店街再生施策を立案しがちですが、それで効果が出ない理由が、この機能別分析で見えてきたはずです。

そう、商店街は「消費（買物）」機能では、もはや大型店やインターネット販売に勝てないから、消費（買物）機能の前段階として「交流」機能という付加価値を付けて、大型店等と差別化を図ると良いのです。換言すれば、商店街は「消費（買物）」機能という大型店やインターネット販売が得意な土俵で戦うことは避けて「交流」機能という自分に有利な新しい土俵をつくることが求められています。

自治体など支援者側と商店街側も最近、交流機能の重要性を認識し始めています。これは良い傾向なのですが、いきなり「コミュニティ」を入口にしてしまうので、コミュニテ

ィの輪が広がらない課題に直面しています。この理由も、上記の機能別分析で分かるはずです。

コミュニティを入口にして、コミュニティの輪が広がらない典型事例が「コミュニティ・カフェ」など、施設名や取組の冠にコミュニティを付けるものです。

人は誰しもコミュニティを求めていますが、周囲から「コミュニティに飢えている孤独な人」とは思われたくはありません。この傾向は、プライドだけは高い中高年男性を筆頭に男性全般に見られます。男性の多くは、冠にコミュニティと付いた施設には行かないので、コミュニティ・カフェは子育て世代の母子ばかりが集う場になりがちです。

子育て世代の母子が集うコミュニティ・カフェは非常に価値の高い場だと思います。しかし、商店街再生ひいては地域コミュニティ育成の効果を高めるには、老若男女が集える場づくりへの進化を図るべきです。

最後のケース⑮は、老若男女が集える場づくりの事例考察を行うと同時に、これまで本書で主張してきた商店街再生ノウハウを具体的に説明します。

ケース⑮　本を媒介に、老若男女が交流できる場「サードプレイス」を創る
――千葉銀座商店街、袖ケ浦団地商店街

†顧客に「ここは私のサードプレイス」と感じてもらう

カフェ愛好者の間で、よく「スターバックス（以下、スタバ）とドトール、どちらが好き？」という議論が始まります。ドトール支持派が挙げる意見は「ドトールの方が3割以上は安く、圧倒的に美味い。しかも、スタバは商品名や注文方法が気取りすぎて分かりにくい」等、スタバとの比較評価に基づいています。

一方、スタバ支持派も「ドトールはダサイし、タバコの煙が嫌」等、ドトールとの比較評価に基づく意見もありますが「スタバは私にとって大切なサードプレイス」だから、値段が高くても構わないという意見もよく耳にします。値段が高くても構わないとは、安売りできる大型店やインターネット販売との差別化に悩む商店街は絶対に、聞き逃してはいけない顧客の声です。

カフェ2店を評価する顧客の声から、商店街再生に次2つの知見を得ることができます。

①第2章で説明したように、店舗経営を含むビジネスは、顧客からシビアな比較評価を受けて、一つだけが選ばれるので「評価軸（土俵）の選び方、創り方」が極めて重要。

②サードプレイスという「土俵創り、場創り」は非常に効果が高い。

サードプレイスは、第一の居場所「家」や、第二の居場所「職場、学校」とは違う居心地の良い第三の居場所のことです。家や職場・学校では、悩みや本音をさらけ出せない人は意外に多いと思います。弱い本当の自分を隠して、強い自分を演技しているうちに、心を病んでしまう人も少なくありません。

現代社会では、本当の自分をさらけ出して受けとめあえる「家でもない、職場・学校でもない、第三の場所」サードプレイスの重要性が高まっています。サードプレイスは人がリラックスできる居場所であり、人の才能や意欲を引き出す場にもなります。

サードプレイスの質と量は、都市の魅力や市民の豊かさを左右する重要な指標だと私は考えています。サードプレイスの理念は、商店街再生にも有効です。具体的な施策としては、顧客が「ここは私のサードプレイス」と感じる場づくりを進めることです。

商店街にサードプレイスを創る事例として、千葉県の商店街空店舗や集合住宅内に民間図書館を開設する「NPO情報ステーション」を紹介しましょう。

私はNPO情報ステーションの理念と取組に惹かれて、無償でアドバイザーを務めています。民間図書館を普及するには、公立図書館との差別化が必要で、この差別化にはNPO発足当時から非常に苦労しています。その苦労を通して、気がついたことがあります。民間図書館が公立図書館と差別化を図る視点は、商店街が大型店等と差別化を図る場合に応用できることです。特に、商店街が大型店等と差別化する「評価軸（土俵）の選び方、創り方」が非常に参考になるので、この観点から話を始めます。

†公立図書館との差別化を、商店街は大型店との差別化に応用

読者の多くは「公立図書館があるのに、なぜ民間図書館が必要なのか？」と感じていることでしょう。この感覚は、公立図書館を「無料の貸本業」という評価軸で見ることから生まれます。すなわち、公立図書館は「豊富な蔵書から、無料で本を借りることができる」強みがあり、その評価軸（土俵）に満足する者は「公立図書館があるのに、なぜ民間図書館が必要なのか？」と感じるのです。

同じように、商店街を利用しない者は「大型店やインターネット販売等があるのに、なぜ衰退した商店街を存続させる必要があるのか？」と感じているはずです。その感覚は「効率的な消費」という評価軸で見ることから生まれます。すなわち、大型店等は「豊富な品ぞろえから、安くて良い商品を選ぶことができる」強みがあり、その土俵に満足する者は「大型店等があるのに、なぜ衰退した商店街を存続させる必要があるのか？」と感じるのです。

以上から、民間図書館が成立・存続するには、公立図書館との差別化が必要であること。それは商店街が存続するために、大型店等と差別化が必要な構図と同じであることが分かります。つまり、今からお話しするNPO情報ステーションが公立図書館と差別化を図る土俵づくりには、商店街が大型店等と差別化を図る土俵づくりを考える上で、有益な視点・発想を見出すことができるのです。

そこで注目すべき視点は、公立図書館を利用する者の不満です。なぜなら、新たなビジネスやサービスは全て、顧客の不満を解決する所から生まれるからです。

公立図書館を利用する者の不満は、大きく2つに分けることができます。

まず「静かに厳粛な行動が求められ、仲間と楽しく交流できない」不満です。図書館の利用者は本来、仲間や家族と来館して「この記事おもしろいよ、読んでみて」等の会話や交流を楽しみたい願望を抱いています。しかし、厳粛な行動が求められる公立図書館では、小声での会話さえ直ぐ管理者から注意されます。管理者が注意しないと、他の来館者から「静かにしろ」と強い視線で睨みつけられてしまいます。このような公立図書館の厳粛すぎる雰囲気に、違和感をもつ利用者は少なくありません。

公立図書館利用者のもう一つの不満は、月曜日が定休日であることです。この不満は商店主に顕著に見られます。商店の定休日は月曜日が多いからです。月曜日を定休日にする理由は、月曜日の来客数が少ないこともありますが、土日が稼ぎ時で商店主は月曜日には、ぐったりと疲れているからです。そこで商店主は、週にたった一度の休みである月曜日の過ごし方は、体に負担がかからず、心を豊かにできる「本を読んだり、美術館に行くのが理想」と言います。しかし、図書館など公共施設の多くは月曜日が閉館日だから、その理想が叶わないと嘆いているのです。

†美しい理論より、行動が先

以上2つの顧客の不満は、商店街へ顧客が抱く不満とほぼ同じです。分かりやすく整理すると、以下のようになります。

① 交流目的で利用したいのに、公立図書館（商店街）はその利用方法を用意していない。
② 利用したい月曜日（夕方7時以降）に、公立図書館（商店街）は営業していない。

このような顧客が抱く不満を解決できれば、民間図書館は公立図書館と差別化を図ることができて、ビジネスとして十分に成立します。更には、民間図書館を商店街の空店舗に開設すれば、商店街再生との相乗効果が期待できます。

千葉県船橋市在住の岡直樹さん（1984年生まれ）は、そう考えて大学生時代の2004年3月に、学生仲間と共にNPO情報ステーションを設立しました。NPO情報ステーションの理念は2つの不満のうち、前者にあります。すなわち、民間図書館は「人が繋がってコミュニティを創る場、サードプレイスとして寛げる場」という理念を掲げています。

NPO情報ステーションは、理念の実現を目指して「人が繋がってコミュニティを創る場、サードプレイスとして寛げる場」という視点から民間図書館の開設へ動き始めます。しかし、お金も経験も乏しい大学生が運営するNPO活動は苦難の連続でした。最初の図書館を開設するのに、2年強もの時間を要しています。苦労した最大の理由は、理念の実現意欲が高すぎるが故に、第一の不満を解決するアプローチしか選択できなかった視点の狭さにあります。

岡さんは2年近く辛酸をなめたことで、視野狭窄に陥っていた自分に気がつきます。理念追求を後回しにして、最初の図書館開設は、実現が容易な第二の不満を解決する視点から船橋市役所にアプローチしました。すなわち「船橋市の公立図書館は全て月曜日が休館日だから、月曜日に開いている図書館も必要ですよね？」とアプローチしたわけです。このアプローチはケース⑧で主張した「再生施策は「理論の美しさ」でなく「行動に繋げる」ことが重要」と同じです。

美しい理論や理念を実現するには、このように協働者の課題や市民の不満を先に解決してあげる「ギブ&テイク」の発想が必要です。岡さんは発想の転換を行うことで、念願の民間図書館を開設することができたのです。

民間図書館を開設した場所は、船橋市の公共施設と商業施設の複合ビル「船橋フェイス」です。船橋フェイスはビル中に、JR船橋駅と京成船橋駅をつなぐ連絡通路がありま す。この連絡通路で「まちの案内業務を兼ねることと、月曜日を含む毎日営業すること」

写真21　まちの案内業務を兼ねた図書館1号館「ふなばし駅前図書館」。写真左が岡さん

を条件に、船橋市からの業務委託で、民間図書館を2006年5月に開設しました（写真21）。

人口約57万人の船橋市民が目にする機会の多い船橋駅連絡通路に開業した認知効果は高く、NPO情報ステーションの図書館は、乗り換え客を中心に多くの利用者を獲得しました。理念は未だ実現できていないのですが、理念を共有してくれる「顧客を先に創る戦略」が、ここから始まります。

顧客がいない段階で、先に箱物を造って、運営には関与しない自治体は「顧客を先に創る戦略」を学ぶべきです。

†交流の基本

民間図書館の利用者には、事前に利用者の不満を聞いていた通り、月曜日しか休みのない商売人が多くいました。その中に、毎週のように図書館に来て、小説を借りていくパン屋「ゴーシュ」の経営者と、岡さんは緊密な関係を築くことになります。二人の良好な関係の構築は、示唆に富んでいるので、具体的に紹介しましょう。

小説が好きな経営者が店名に「ゴーシュ」と名付けた意図は、小説が好きな読者なら推測できると思います。そう、宮沢賢治さんの著名な物語「セロ弾きのゴーシュ」の主役ゴーシュが店名の由来です。このように、自分が大好きな小説など物語の登場人物を店名につける商売人は多くいます。

そこで提案です。商売人と交流・交渉する時は、店名の由来を本人へ聞く前に、自分で調べてみましょう。その由来に興味を示しましょう。交流・交渉をスムーズに進めることができると思います。

このノウハウは人と交流・交渉する基本だと思うのですが、これを「知らない、できない公務員」が多すぎます。第4章で詳解したように、いきなり「久繁さん、おいくつですか?」と初対面の相手に年齢を問いただす公務員は「すぐ答えだけを知りたがる、他人に興味をもてない」性を、岡さんを見倣って改善することをお勧めします。

岡さんはパン屋ゴーシュの経営者に「宮沢賢治さんの作品、ぼくも大好きなんですよ」

写真22　パン屋「ゴーシュ」店内に開業した図書館2号館「柏井町のおいしい図書館」

の一言から親密な交流を始めています。親しくなると、岡さんはゴーシュ経営者に「NPOの理念を語り、商店街の空店舗などにコミュニティを創る場として図書館を増やしたいが、2号館のあてがない」と相談しました。

ゴーシュ経営者は「私の店を使いなさい」と答えてくれて、1号館開設から1年4カ月後の2007年9月、民間図書館2号館「柏井町《かしわいまち》のおいしい図書館」がオープンしました（写真22）。

民間図書館2号館は「顧客を先に創る戦略と、顧客との交流」から生まれたのです。

写真22でわかるように、パン屋ゴーシュは店内に図書館をつくると同時に「イートイン」を始めました。ゴーシュのようにテイクアウトに特化していたパン屋やケーキ屋など飲食系物販店が、店内の物販エリアをイートイン・エリアに転用する事例が今、非常に増えています。イートインを導入したことで、パンやケ

ーキのお伴にコーヒーなど飲み物をメニューに追加して、売上を向上させている店も少なくありません。

第6章で、売上高を上げる施策は「顧客数を増やすか、顧客単価を上げるか」を分けて考えることが重要であると主張しました。イートイン導入という施策は「販売商品の拡大（追加注文の促進）」によって、顧客単価を上げることに成功しています。

ゴーシュは更に、店内に図書館を設置する施策により、本が好きで通いつめてくれるコアな顧客を獲得できているので、顧客数を増やす成果も手に入れたのです。

†地域の特性に応じた運営

柏井町のおいしい図書館の成功で、岡さんは「民間図書館は、衰退した商店街の活性化に貢献できることを確信した」と言います。幾つかの商店街に、民間図書館2館の成功実績を話して打診してみると、千葉銀座商店街、袖ヶ浦《そでがうら》団地商店街、それぞれの商店街空店舗に民間図書館を開設することにこぎつけました。

商店街の空店舗に民間図書館を開設する効果は、商店街の立地特性で異なります。視点を変えて言うと、民間図書館は「地域が抱える課題の特性に応じた運営」を行うことで、地域が抱える問題を解決することができるのです。

たとえば、袖ヶ浦団地は日本で最も古い公団住宅の一つです。1967年に入居が始まった袖ヶ浦団地は、高齢者の孤立化が深刻な課題となっています。民間図書館は、その深刻な課題を解決したと地域住民から高く評価されています。

袖ヶ浦団地内の袖ヶ浦団地ショッピングセンターは、大型店（大丸ピーコック）と袖ヶ浦団地商店街で構成されています。両者とも「効率的な消費」ニーズに応える同じ評価軸で競いあった結果、商店街は酷く衰退しました。しかし、空店舗に民間図書館が出店してから状況が変わり始めました。今では、岡さんは袖ヶ浦団地商店街で、商店会会長に抜擢され、商店街全体の運営を任されています。その過程をふりかえってみましょう。

民間図書館は財源が乏しいので、本は利用者からの寄贈で成り立っています。寄贈した者は「寄贈した本が図書館の書棚に並び、自分と同じ地域の住民がそれを喜んで借りていく姿を見ると、地域貢献できた喜びがある」と言います。些細な行為だけれども、地域貢献ができて、それを実感できる場になっています。

更に地域貢献したい者は、いつでも誰でも運営スタッフになることができます。民間図書館の運営は基本的に全てがスタッフに任されています。書棚に置く本の配列から図書館の魅せ方まで、同じ地域住民スタッフと協働で自由に行うことができます。作品を仲間と協働で創りあげる喜びは、ケース⑭のガーデニングとよく似ています。

更に注目すべきは、誰もが関心の高い本を媒介としているので、老若男女問わず多くの

写真 23　JR 千葉駅に近い千葉銀座商店街の空店舗に開設した図書館は、小さな子供と母親が買物後に立ち寄る「サードプレイス」として大人気！

写真 24　袖ヶ浦団地商店街の空店舗に開設した図書館で働くのは、地域の高齢男性と女子大生

地域住民が運営スタッフに参加することです。その結果、袖ヶ浦団地商店街の民間図書館では高齢男性と女子大生が世間話を楽しみながら協働する異世代コミュニティと働く場を創出する効果も見られます。

†サードプレイスの創り方

先述したように、私はNPO情報ステーションの理念と取組に惹かれて、アドバイザーを務めています。各図書館の運営は地域住民スタッフの自己裁量に任せて、NPO情報ステーションがどういうことを実践しているか、目指しているかをお話しします。

民間図書館は現在、千葉県の船橋市から千葉市にかけて15館をドミナント出店しています。ドミナント出店とは、コンビニなど大手小売業が採用する効率戦略の一つで、最もコストと時間がかかる配送業務を効率化するため、狭いエリアに集中的に出店することです。

ドミナント出店をNPO情報ステーションは次のように応用しています。図書館をドミナント出店できる狭いエリアに限定することで、図書館の蔵書を15館でローテーションして、少ない蔵書を「多く、新鮮に魅せる書棚づくり」の方法を編み出しました。蔵書ローテーションを月に2回行うことで、利用者からは「書棚が公立図書館より新鮮で、週に一度は寄りたくなる」という喜びの声を頂いています。

蔵書ローテーションの狙いは実は、利用者が「週に一度は寄りたくなる」と言って気軽に立ち寄ることが習慣となり、図書館を地域住民のサードプレイスにすることにあります。

NPO情報ステーションは今後の事業展開として、次2つの事業に力を入れる予定です。

① ブックカバー広告を、商店街再生と雇用創出に繋げる。
② ひきこもり、高齢者の社会参加を促進する。

†ブックカバー広告を、商店街再生と雇用創出に繋げる

民間図書館は本を貸し出す時、本にブックカバーをかけます。ブックカバーには近隣商店街の店舗から廉価で募った広告を掲載しています。広告を作成する時、商店主とNPOスタッフが店の魅力をどう伝えるかを話し合う過程で、商店主が気づいていない店の魅力を発見したり、顧客目線に基づく新たな販促方法を見出すことがあります。なぜなら、商店主が自覚する店の魅力と、顧客が感じる店の魅力は、ずれていることが多いからです。

そう、商店街の空店舗に民間図書館を開設することには「商店街に広告拠点を創る効果」と「顧客目線な販促方法を発見できる効果」もあるのです。

この仕組みはリクルートなどが得意とする「フリーペーパー」のビジネスモデルを応用しています。私はリクルートの社員から「フリーペーパー広告は我々と商店さんが、店の魅力をどう伝えるかを話し合う過程で、店の魅力や新たな販促方法を発見することが多い」と聞いたことがあり「この協働は応用できる！」と感じたのです。

ブックカバーは広告効果が非常に良いと、商店主から高い評価を受けています。広告効果が高い理由は、各図書館が「地域に特化した広告」をブックカバーに掲載することで、広告費用は安価なのに、対象者にしっかり届くことにあります。

このように、対象とする地域・人を特化して、安い費用で高い効果をあげる広告を「ターゲッティング広告」と言います。地域を特化するターゲッティング広告は、地域一番店を目指す商店街にとっては、投資対効果が非常に高い集客施策となります。

NPO情報ステーションは広告の質量を高めることで、商店街の再生に貢献しつつ、その収益を原資に、雇用創出を目指しています。

†ひきこもり、高齢者の社会参加を促す

社会貢献と雇用創出の切り口が、もう一つあります。図書館の地域住民スタッフの中に

は「うつで休職中、ひきこもり」や、生きがいを見失った高齢者の方が少なからずいます。彼らは自分が好きな本を媒介に、社会復帰の一環（他者とのコミュニケーション訓練）として働いてくれています。

ＮＰＯ情報ステーションは今後「うつで休職中、ひきこもり」の人を抱える企業や病院などと連携して、彼らの社会復帰・社会参加を支援したいと考えています。

商店街再生の取組は、以上のように少し工夫をすれば、社会貢献に繋げることが可能です。逆説的に言えば、社会貢献に繋がる商店街再生事業だからこそ「仲間や地域に貢献する意欲と能力が高い若者、女性」を商店街に呼び込むことができるのです。

参考書籍

リチャード・P・ルメルト『良い戦略、悪い戦略』日本経済新聞出版社、2012年
シーナ・アイエンガー『選択の科学』文藝春秋、2010年
相羽髙徳『東京妙案開発研究所』日本経済新聞出版社、2010年
地域振興総合研究所編『地域力』講談社、2010年
土井中照『やきとり天国』メイドインしまなみ事務局、2003年
桝田知身『水木しげるロード熱闘記』ハーベスト出版、2010年
横石知二『そうだ、葉っぱを売ろう!』ソフトバンククリエイティブ、2007年
渡邉英彦『B級ご当地グルメで500億円の町おこし』朝日新聞出版、2011年
久繁哲之介『日本版スローシティ』学陽書房、2008年
久繁哲之介『地域再生の罠』ちくま新書、2010年
久繁哲之介『コミュニティが顧客を連れてくる』商業界、2012年

おわりに

商店街と自治体をテーマに、若者と女性が「読みやすい、勉強会や授業で使える」ことを心がけて本書を書きました。その理由をお話ししましょう。

前著『地域再生の罠』は、大学の多くで授業テキストや小論文など入試問題に採用されました。また、地域再生に関心の高い若者や女性が中心のNPO団体などが勉強会の教材に使ってくれました。そういう背景もあり、多くの若者や女性と意見交換する機会に恵まれました。そこで、最も多く頂いた意見が「商店街と自治体に関する不満」と「地域を良くしたい熱意、社会貢献したい意欲」でした。

本書は、そんな若者と女性の声を出発点として「地域衰退の象徴である商店街」を舞台に、地域が衰退する理由と再生策を分かりやすく示すものです。読んで終わりではなく、読者が地域再生に主役として関与することを強く願っています。この観点から、再生策を示す第6章以降は「若者、女性が主役として活躍している事例」を選びました。

第6章以降で紹介した若者や女性たちは皆、とても活き活きとしていて、多くの人から愛されている魅力的な人たちです。彼らは、とても豊かな心と多彩なコミュニティをもっています。しかし、経済的な面では必ずしも豊かではない様です。理由は、彼らの事業が苦戦しているわけではなく、自分たちが儲かる「事業の進め方、価格設定」をしていないからです。つまり、彼らは「私益より公益・交流」を大切にする「社会起業家」なのです。

実は、彼らが成功している一番の要因は、この「私益より公益・交流」を大切にする理念・行動力にあります。なぜ「私益より公益・交流」を大切にする理念・行動力が一番の成功要因になるのでしょうか？

彼ら社会起業家のように「私益より公益・交流」を大切にする人が、若者と女性を中心に増えているからです。一方で、そういう人がどんなに多くても、大きなリスクを負って起業する人は、ほんの一部に限られるからです。ほとんどの人は諸般の事情から、起業しない代わりに、ボランティア等の方法で、社会起業家を側面から応援する形をとります。

私も応援者の一人です。第6章以降で紹介したような若者や女性たちを見ていると、私は「無性に、無償で応援したくなる」のです。

そう、成功できる人は、周囲が「応援したくなる」何かをもっています。何かは様々ですが、代表例が「私益より公益・交流」を大切にする理念・行動力だと思います。

逆に、この理念・行動力がない者ほど、すなわち「自分のこと（私益）」ばかり考える者ほど、周囲の応援を得ることができず「連携」など美しい理論にすがりがちです。また、成功願望が強すぎて、成功事例の表面だけを模倣しがちです。

リスクを負って「私益より公益・交流」を大切する事業を興した社会起業家には、応援者が多くつきます。周囲からの力強い応援は大きな経営資源となり、私益だけを追求する起業家よりも少ない資本力で「成功できる、持続できる」のです。社会起業は意外にも、投資家が最も重視するＲＯＩ（投資利益率）が高いものが多いのです。

本書は、社会起業家を応援する中で私が得たノウハウを公開し、自治体支援のあり方などを提案しています。私は今後も、若者や女性の社会起業や地域再生の活動を応援し、そこで得るノウハウ等は、ブログ「久繁哲之介の地域力向上塾」、フェイスブック「若者バカ者まちづくりネットワーク」等を通して、読者の皆様と共有したいと考えています。

私益より公益・交流を大切にする人が増えている現状は、衰退する商店街にとって、再生のチャンスです。公益・交流を具体的に言うと「社会貢献や地域コミュニティ向上を目的に、仲間と協働」することです。これを「顧客がしたいコト」と位置づけると、商店街再生の方向性、つまり「競合相手である大型店等と差別化を図る方法」が見えてきます。「顧客がしたいコト」の対立概念は「販売者が売りたいモノ」です。販売者が売りたいモノを売る環境は、非常に厳しくなっています。まず、販売者が売りたいモノを必要としてくれる顧客数は減り続けています。一方、販売者の数と床面積は増え続けています。要するに、モノの売買に関する需給バランスは、圧倒的に供給過剰な方向に進んでいます。

モノの売買に関する「需給バランスが圧倒的に供給過剰」な状況下では、意欲と能力に欠ける販売者は確実に淘汰されます。商店街の衰退はその象徴です。需給ギャップは拡大の一途なので、意欲と能力に欠ける商店街の淘汰は今後も増えるでしょう。

この状況下で、商店街の再生策は、どうあるべきでしょうか?

本書が示す再生策は「販売者が売りたいモノ」から「顧客がしたいコト」に視点と発想を転換するものです。これは斬新な発想ではなく、ビジネスの基本に回帰するものです。にもかかわらず「顧客目線、顧客がしたいコト」への配慮が欠けたまま、商店主が「モノを売る」施策と、自治体が「商店街を救済する」施策は、うまくいくはずがないのは明らかです。

本書は、そんな商店主と公務員へ「顧客・市民から、どのように見られているか」という事実と「顧客目線を身につける重要性と方法」を説明しています。そして、商店主と公務員が「顧客がしたいコト」に視点と発想を転換するために「再生策は利用者（顧客）が創る」ことを提案しています。

再生策は利用者が創る象徴としてケース⑮で紹介した岡直樹さん（1984年生まれ）は、空店舗での社会起業が地域住民から高い評価を得て、商店会会長に抜擢され、商店街全体の運営を任されています。私は当ケースのように、商店街と地域住民と社会起業家の三者が協働して豊かになれる取組を全国に広げて、商店街を再生しつつ、若者や女性の「キャリア開発、雇用創出」に貢献したいと考えています。

このような地域の個別状況を踏まえた商店（街）運営のご相談、講演ご依頼は、ブログ「久繁哲之介の地域力向上塾」へお願いします。

本書を書き終えるにあたり、お礼を伝えたい方がたくさんいます。

講演や勉強会で訪れた先々で、多くの方と楽しく交流できたこと、示唆に富む話を聞かせて頂いたことに、深く感謝しています。

筑摩書房の永田士朗さんと河内卓さんには、本書刊行にあたり、あたたかい応援と的確な助言を頂きました。お礼申し上げます。

読者の皆様、ここまで読んでくれて、ありがとうございます。

最後に私事で恐縮ですが、本書執筆中に、父が他界しました。父は芥川龍之介さんのような作家になりたかった（けど、なれなかった）夢を私に託し、哲之介と名付けてくれました。本書刊行を心待ちにしていた父が、私へ遺した最後の言葉を、読者の皆様と共有させてください。

あなたができる最高なコトを、読者（顧客）に与えなさい。

地域再生プランナー　久繁　哲之介

ちくま新書

853
地域再生の罠
——なぜ市民と地方は豊かになれないのか？
久繁哲之介
活性化は間違いだらけだ！　多くは専門家らが独善的に行う施策にすぎず、そのために衰退は深まっている。このカラクリを暴き、市民のための地域再生を示す。

800
コミュニティを問いなおす
——つながり・都市・日本社会の未来
広井良典
高度成長を支えた古い共同体が崩れ、個人の社会的孤立が深刻化する日本。人々の「つながり」をいかに築き直すかが最大の課題だ。幸福な生の基盤を根っこから問う。

992
「豊かな地域」はどこがちがうのか
——地域間競争の時代
根本祐二
低成長・人口減少の続く今、地域間の「パイの奪いあい」が激化している。成長している地域は何がちがうのか？北海道から沖縄まで、11の成功地域の秘訣を解く。

649
郊外の社会学
——現代を生きる形
若林幹夫
「郊外」は現代社会の宿命である。だが、その輪郭は捉え難い。本書では、その成立ちと由来を戦後史のなかに位置づけ、「社会を生きる」ことの意味と形を問う。

937
階級都市
——格差が街を侵食する
橋本健二
街には格差があふれている。古くは「山の手」「下町」と身分によって分断されていたが、現在もその構図は変わっていない。宿命づけられた階級都市のリアルに迫る。

941
限界集落の真実
——過疎の村は消えるか？
山下祐介
「限界集落はどこも消滅寸前」は嘘である。危機を煽り立てるだけの報道や、カネによる解決に終始する政府の過疎対策の誤りを正し、真の地域再生とは何かを考える。

960
暴走する地方自治
田村秀
行革を旗印に怪気炎を上げる市長や知事、地域政党。だが自称改革派は矛盾だらけだ。幻想を振りまき混乱に拍車をかける彼らの政策を分析、地方自治を問いなおす！

ちくま新書
1027

商店街《しょうてんがい》再生《さいせい》の罠《わな》
——売《う》りたいモノから、顧客《こきゃく》がしたいコトへ

二〇一三年八月一〇日　第一刷発行

著　　者　久繁哲之介（ひさしげ・てつのすけ）
発 行 者　熊沢敏之
発 行 所　株式会社 筑摩書房
東京都台東区蔵前二-五-三　郵便番号一一一-八七五五
振替〇〇一六〇-八-四一二三
装 幀 者　間村俊一
印刷・製本　株式会社 精興社

乱丁・落丁本の場合は、左記宛にご送付下さい。
送料小社負担でお取り替えいたします。
ご注文・お問い合わせも左記へお願いいたします。
〒三三一-八五〇七　さいたま市北区櫛引町二-六〇四
筑摩書房サービスセンター　電話〇四八-六五一-〇〇五三

ISBN978-4-480-06729-6 C0263